EM BUSCA DE UM LUGAR AO SOL
Nietzsche e a cultura alemã

Sendas & Veredas propõe-se a atuar em três frentes distintas: apresentando títulos expressivos da produção brasileira sobre a filosofia nietzschiana, publicando traduções comentadas de escritos do filósofo ainda inexistentes em português e editando textos de pensadores contemporâneos seus, de sorte a recriar a atmosfera cultural da época em que viveu.

Coordenadora: Scarlett Marton.

Conselho Editorial: Ernildo Stein, Germán Meléndez, José Jara, Luis Enrique de Santiago Guervós, Mônica B. Cragnolini, Paulo Eduardo Arantes e Rubens Rodrigues Torres Filho.

Ivo da Silva Júnior

EM BUSCA DE UM LUGAR AO SOL

Nietzsche e a cultura alemã

discurso editorial

São Paulo   Ijuí

2007

Copyright © Discurso Editorial & Editora UNIJUÍ, 2007

Nenhuma parte desta publicação pode ser gravada, armazenada em sistemas eletrônicos, fotocopiada, reproduzida por meios mecânicos ou outros quaisquer sem a autorização prévia da editora.

Projeto editorial: Discurso Editorial
Direção editorial: Milton Meira do Nascimento
Projeto gráfico e editoração: Guilherme Rodrigues Neto
Capa: Camila Mesquita
Ilustração da capa: Caspar David Friedrich
– *Weidengebüsch bei Tiefstehtender Sonne*, 1832/1835.
Revisão: Luís Rubira
Tiragem: 1.000 exemplares

Dados Internacionais de Catalogação na Publicação (CIP)
(Câmara Brasileira do Livro, SP, Brasil)

Silva Júnior, Ivo da
  Em busca de um lugar ao sol : Nietzsche e a cultura alemã / Ivo da Silva Júnior. – São Paulo : Discurso Editorial ; Ijuí, RS : Editora UNIJUÍ, 2007. – (Sendas & Veredas / coordenadora Scarlet Marton)

  Bibliografia.
  ISBN: 978-85-86590-67-2 (Discurso Editorial)

  1. Cultura – Alemanha 2. Nacionalismo – Alemanha 3. Nietzsche, Friedrich Wilhelm, 1844-1900 – Crítica e interpretação 4. Niilismo (Filosofia) I. Marton, Scarlett II. Série.

07-7819   CDD-193

Índices para catálogo sistemático:
1. Estudos nietzschianos : Filosofia 193

discurso editorial
Av. Prof. Luciano Gualberto, 315 (sala 1033)
05508-900 – São Paulo – SP
Telefone: (11) 3814-5383
Telefax: (11) 3034-2733
E-mail: discurso@org.usp.br
Homepage: www.discurso.com.br

Editora UNIJUÍ
Rua do Comércio, 1364
98700-000 – Ijuí – RS
Fones: (55) 3332-0217/0352
Fax: (55) 3332-0343
www.editoraunijui.com.br
editora@unijui.edu.br

Para Carol

Este livro reproduz, com inúmeras modificações, a tese de doutorado homônima, defendida no Departamento de Filosofia da Universidade de São Paulo (USP) em fevereiro de 2005, sob a orientação da professora Scarlett Marton. Participaram da banca examinadora os professores Franklin Leopoldo e Silva, Olgária Matos, Olímpio Pimenta e Rosa Maria Dias.

AGRADECIMENTOS

A Scarlett Marton, que, durante dez anos, *me formou* com devoção e generosidade, meu eterno reconhecimento.
Aos professores Franklin Leopoldo e Silva, Olgária Matos, Olímpio Pimenta, Ricardo Musse e Rosa Maria Dias, pelos valiosos comentários ao texto.
Ao professor Patrick Wotling, pelo acolhimento em Paris.
Ao GEN – Grupo de Estudos Nietzsche (Alexandre Filordi, André Luís Itaparica, Adriana Belmonte Moreira, Carlos Eduardo Ribeiro, Clademir Luís Araldi, Fernando de Moraes Barros, Luís Eduardo Rubira, Márcia Rezende de Oliveira, Márcio José Silveira Lima, Sandro Kobol Fornazari, Vânia Dutra de Azeredo e Wilson Frezzatti Júnior) pelo valiosíssimo trabalho em conjunto.
A José Teixeira, pela revisão.
A Lina Maluf, por me fazer descobrir o título.
A Ivo, Ignez e Ivana, pelo amor de uma vida.
Ao CNPq e à CAPES, por terem fomentado minha pesquisa no Brasil e na França.

(...) e meu olhar tornou-se cada vez mais agudo para a difícil e insidiosa *inferência regressiva*, com a qual se comete a maioria dos erros – a inferência que vai da obra ao autor, do ato ao agente, do ideal àquele que dele *necessita*, de todo modo de pensar e valorar à *necessidade* que por trás dele comanda (Nietzsche, F. *A gaia ciência* § 370).

SUMÁRIO

NIETZSCHE E A CULTURA ALEMÃ	15
NIILISMO: FRENTE E VERSO	33
1. A "crise de Kant"	33
2. O aprofundamento da "crise de Kant"	42
3. A face oculta da "crise de Kant"	55
TENTATIVAS DE SUPERAÇÃO	77
1. Moral como saída para as dicotomias	77
2. Das origens da "alma alemã"	88
3. Nacionalismo e cultura: pólos antagônicos	99
EPISTEMOLOGIA DO DOMÍNIO	119
1. Genealogia *versus* História	119
2. Conhecimento como vontade de potência	129
3. A "grande política": uma solução pré-moderna	147
EM BUSCA DE UM LUGAR AO SOL	155
1. A verdadeira nacionalidade de Sócrates	155
2. Em defesa de benesses e privilégios	173
NIETZSCHE E A CULTURA BRASILEIRA	183
BIBLIOGRAFIA	187

NOTA PRELIMINAR

Neste trabalho, utilizamos a edição das obras de Nietzsche organizada por Giorgio Colli e Mazzino Montinari: *Werke. Kritische Studienausgabe* (KSA). Berlim: Walter de Gruyter & Co., 1988, 15v. Sempre que possível, recorremos, preferencialmente, à tradução de Rubens Rodrigues Torres Filho para o volume Nietzsche da Coleção Os Pensadores: *Nietzsche – Obras incompletas*. São Paulo: Nova Cultural, 1987, 2v. Lançamos mão, de igual modo, da tradução de J. Guinsburg para *O Nascimento da tragédia* e das traduções de Paulo César Souza para as demais obras publicadas pela Companhia das Letras, assim como as traduções de Pedro Süssekind e Flávio R. Kothe para alguns textos póstumos de Nietzsche.

Nos textos que Nietzsche publicou, o algarismo arábico indica o parágrafo; no caso de *Para a genealogia da moral*, o algarismo romano se refere a uma das três partes do livro; para o *Crepúsculo dos ídolos*, indicamos o título do capítulo, seguido do parágrafo em algarismo arábico; e, no que tange a *Assim falava Zaratustra*, indicamos a seção com o algarismo romano.

Para os fragmentos póstumos, os algarismos arábicos fornecem a indicação do fragmento, seguidos da época e do ano da redação do texto.

NIETZSCHE E A CULTURA ALEMÃ

Existem inúmeras vias de acesso à filosofia de Nietzsche. A que adotaremos neste livro será a cultura. Não para tê-la como fio condutor do trabalho, mas para perscrutar as razões pelas quais o filósofo "optou" por uma determinada concepção de cultura. Para tanto, arriscaremos uma interpretação em vez de fazer um comentário[1].

Como realizar tal tarefa?

Por acreditar que os inúmeros ramos das atividades humanas são frutos de uma interpretação moral, Nietzsche trata das mais diversas questões pela via da crítica dos valores morais, não se importando de que ordens estas sejam – política, econômica, social, religiosa, artística, filosófica, científica. Isto, contudo, pode parecer muito estranho aos que, na esteira do pensamento de Marx, estão acostumados a atribuir às condições materiais de existência o ônus pela interpretação do mundo. Para este a infra-estrutura é material, para

---

[1] Não nos interessa aqui saber como os textos de Nietzsche são construídos, como eles funcionam ou como as idéias expressas neles articulam-se. Interessa-nos, isto sim, investigar as razões que levaram o filósofo a tomar determinadas posições teóricas. Noutras palavras, não nos importa explicar ou analisar os textos neles mesmos; nosso intuito consiste em interpretá-los.

aquele ela é moral. Ao tentar explicar as estruturas inteligíveis subjacentes aos fenômenos, Marx e Nietzsche seguiriam a mesma trilha, mas em direções opostas[2].

Nietzsche desde muito cedo aponta a moral como o problema que mais deveríamos levar a sério. Concordaria ele que a moral tem o mesmo papel de infra-estrutura que o componente material no pensamento marxiano? Sabemos que Nietzsche assevera não existirem fatos; o que há são interpretações, "leituras" feitas com base em condições muito singulares de vida (cf. fragmento póstumo 7 [60], do final de 1886/primavera de 1887). Se compreendermos a moral como um "fato", à maneira dos positivistas, certamente nos distanciaremos da letra do filósofo, para quem ela é fruto de uma interpretação avaliadora inerente ao homem (cf. *Para além de bem e mal* § 186). E, enquanto tal, talvez exercesse a função de infra-estrutura[3].

Isso posto, poderíamos estabelecer um longo diálogo entre aqueles que têm como infra-estrutura, de um lado, as

---

[2] De certo modo, há muitos paralelos entre Nietzsche e Marx. Onde um fala da morte de Deus, o outro fala da alienação, do ópio do povo; onde um analisa os valores morais, o outro analisa os valores econômicos; onde um incita ao conflito entre aristocratas e plebeus, o outro incita às lutas de classes. Ambos, no entanto, criticam a metafísica, comungam da idéia de um homem total ou de um além-do-homem, legislador de novos valores, e do sentido histórico ou da vontade de uma grande política, que se faria para além dos nacionalismos estritos. A respeito destas aproximações, ver "Nota sobre Frederico Nietzsche", artigo de Florestan Fernandes publicado na *FM*, em 19/10/1944. Ver ainda partes de um livro de Ernest Nolte, *Nietzsche und der Nietzscheanismus*. Frankfurt/Main, Berlin: Propyläen, 1990, p. 267 e segs.

[3] Cabe lembrarmos que Marx e Nietzsche não só afirmam a importância de trazer à luz tudo o que subjaz aos fenômenos por meio de estruturas inteligíveis, mas também negam a função fundadora da subjetividade.

condições materiais de existência, e, de outro, a moral. O socialismo científico, no século XIX, almejou estar isento de qualquer móvel moral em sua doutrina. O mesmo ocorre no século XX, quando Althusser insiste na mesma tecla, com seu "corte epistemológico"[4]. Mas ignorar o móvel moral não é reduzir o espectro de análise?

Comecemos por perguntar como ler um texto de Nietzsche, ou mesmo um texto de qualquer outro pensador. Muitas são as possibilidades ao enfrentar tal tarefa. Podemos recorrer ao método estruturalista, ao dialético, ao fenomenológico-hermenêutico, ao filológico, ou, ainda, ao genético-histórico. Algum deles é mais adequado a um determinado pensador? Não acreditamos nisso. A todos os métodos, podemos fazer objeções, assim como ressaltar pontos extremamente positivos. Tendo em mente a idéia do "conflito das filosofias" de Porchat[5], podemos falar de um "conflito insolúvel dos métodos"? Quiçá.

Apesar de todos os riscos inerentes à nossa escolha, nesta pesquisa lançaremos mão do método dialético. E, se assim procederemos, é pelo seguinte motivo: como há uma "infra-estrutura moral" em Nietzsche, a nós nos parece mais interessante trabalhar com contraposições. Contamos contrapor à infra-estrutura de caráter nietzschiano uma outra de viés marxiano; queremos contrapor à moral as condições materiais de existência. Isto fará com que lancemos novas luzes sobre o pensamento nietzschiano.

---

[4] Respectivamente, Marx, Karl. *O capital.* Trad. de Regis Barbosa, Flávio R. Kothe e outros. São Paulo: Nova Cultural, 1996, t. I.; Althusser, Louis. *Lire Le Capital.* Paris: François Maspero, 1967.

[5] Cf. Porchat, Oswald. "O conflito das filosofias". In: *Vida comum e ceticismo.* São Paulo: Brasiliense, 1993.

Não é nada fácil explicar, com brevidade, o que entendemos por um método dialético. Recorremos assim a Lucien Goldmann, que o compreende como aquele que, ao lançar mão de diversos elementos, procura atingir uma certa totalidade. "O pensamento é apenas um aspecto parcial de uma realidade menos abstrata: o homem vivo e inteiro. E este, por sua vez, é apenas um elemento do conjunto que é o grupo social. Uma idéia, uma obra só recebe sua verdadeira significação quando é integrada ao conjunto de uma vida e de um comportamento. Além disso, acontece freqüentemente que o comportamento que permite compreender a obra não é o do autor, mas o de um grupo social (ao qual o autor pode não pertencer) e, sobretudo, quando se trata de obras importantes, o comportamento de uma classe social". E prossegue: "Os escritos de um autor só constituem, efetivamente, uma parte de seu comportamento, o qual depende de uma estrutura fisiológica e psicológica extremamente complexa que está longe de permanecer idêntica e constante ao longo de sua existência individual"[6]. Tentativa ousada de abarcar todos os aspectos de constituição de uma obra, o método dialético recorre aos mais diversos expedientes, visando a não encerrar a obra em seus próprios limites.

Conscientes estamos de que, dentro do quadro desse método, por mais empenho que se tenha, a análise "só pode ser feita de uma maneira esquemática e geral"[7]. Ainda mais: não há como negar que, por vezes, as questões estritamente

---

[6] Cf. Goldmann, Lucien. *Dialética e cultura*. Trad. de Luiz Fernando Cardoso e Carlos Nelson Coutinho. São Paulo: Paz e Terra, 1967, p. 8 e 9, respectivamente.

[7] Cf. *idem*. *Origem da dialética. A comunidade humana e o universo em Kant*. Trad. de Haroldo Santiago. São Paulo: Paz e Terra, 1967, p. 21.

filosóficas ficarão em segundo plano, como mero apêndice de algo de outra natureza sobre o qual recaem todas as atenções. Em outras palavras, o valor da obra filosófica de Nietzsche ficará em suspenso[8].

Um trabalho dessa natureza, principalmente depois dos textos de Lukács sobre Nietzsche, é visto com muitas reservas. E não sem razão. Afirmações como "[...] os mitos contraditórios de Nietzsche revelam sua unidade ideológica: estes são os mitos da burguesia imperialista que mobilizam suas forças contra seu principal adversário [no caso, o socialismo]"[9] em nada contribuem para a compreensão da filosofia nietzschiana, nem para aquilatar seu alcance. Com isto não queremos dizer que não haja méritos no trabalho lukácsiano. De posse do instrumental marxista, o pensador húngaro não deixa de realizar um empreendimento de fôlego, apesar do flagrante intuito ideológico[10].

* * *

---

[8] Com isso, queremos dizer que esse trabalho procura relacionar a maneira pela qual o filósofo se coloca diante de sua obra e como ambos se posicionam frente à sociedade. Longe, portanto, de estudos sociológicos que tratam da obra e do social de forma estanque ou de variações como a obra como espelho da sociedade, a obra e o seu público, etc.

[9] Cf. Lukács, G. *La destruction de la Raison*. Trad. de S. Georges. Paris: Arche, 1958, t. I, p. 346-7.

[10] À parte a ousadia do trabalho de Lukács, Montinari desfaz os equívocos da aproximação do pensamento nietzschiano à ideologia fascista e imperialista presentes em *A destruição da razão* por meio de uma detida análise dos fragmentos póstumos que Lukács utilizara para a sua interpretação (cf. Montinari, Giorgio. "Equívocos marxistas". Trad. de Dion David Macedo. In: *Cadernos Nietzsche*, 12. São Paulo: GEN, 2002, p. 33-52). Ver ainda, a este respeito, Ottmann, Henning. "Anti-

A cultura é o tema de um dos primeiros livros escritos sobre a filosofia nietzschiana, ainda no século XIX. Em seu *Friedrich Nietzsche. O artista e o pensador. Um ensaio*, Riehl escreve uma frase que se tornará célebre: "Nietzsche é o filósofo da cultura/civilização [*Kultur*]". E a ela acrescenta: "A cultura/civilização é a questão central, à qual se vinculam todos os seus pensamentos mais importantes. Essa tarefa não se altera em função de mudanças em suas concepções; ao contrário, ela permite que os períodos de seu pensamento se integrem e se encontrem no centro de sua filosofia"[11]. Essas considerações de Riehl podem ser, com alguns reparos, as nossas.

Em *Sobre o futuro de nossos estabelecimentos de ensino*, ao criticar a "aliança entre inteligência e posses", ou seja, entre a cultura e a acumulação de bens da burguesia, Nietzsche ataca o Estado prussiano, pois este estaria formando pessoas para servir ao mercado, além de "subordinar todos os esforços da cultura/formação [*Bildung*]" a seus fins[12] – tendência

---

Lukács. Eine Kritik der Nietzsche-Kritik von Georg Lukács". In: *Nietzsche-Studien*. Berlim: Walter de Gruyter, v. 13, p. 570-99. Neste artigo, o comentador põe em relevo o uso pouco rigoroso que Lukács faz dos textos de Nietzsche com vistas a demonstrar que a filosofia nietzschiana é anti-socialista *par excellence*. Por fim, é de interesse ressaltar o artigo de Wolfgang Müller-Lauter, "O desafio Nietzsche". Neste texto, é questionada a interpretação que Lukács faz dos aforismos nietzschianos, qual seja, "meio particularmente eficaz na luta de classes", pois prepara os "materiais que se tornariam necessários em diferentes etapas de tomada do poder imperialista" (cf. Marton, Scarlett (org.), *Nietzsche na Alemanha*. São Paulo: Discurso Editorial/Editora Unijuí, 2005, p. 67-9).

[11] Riehl, Alois. *Friedrich Nietzsche. Der Künstler und der Denker. Ein Essay*. Schutlerwald/Baden. Wissenschaftlicher Verlag, 2000, p. 57; a primeira edição data de 1897.

que fora reforçada, ao ver do filósofo, por Hegel[13]. Notemos que nesse caso Nietzsche não trata do destino da cultura/civilização (*Kultur*), mas da cultura/formação (*Bildung*). Esta tem um outro registro em sua obra, diferente daquele a que Riehl se refere quando fala da cultura/civilização (*Kultur*). A cultura/formação (*Bildung*) não é universalizável, mas destinada a um determinado extrato social, tanto que se apresenta no pensamento nietzschiano intimamente ligada ao desenvolvimento social alemão oitocentista.

Assim, quando Nietzsche trata da *Kultur*, ou *Cultur*, é algo diferente que está em causa. Aproximando *Kultur* de *Civilisation* (civilização)[14] – apesar de estes dois termos estarem em campos opostos na língua alemã, pois enquanto um recobriria a vida intelectual e espiritual, o outro se restringiria ao domínio material[15] –, o filósofo situa-os num mesmo registro, sem, no entanto, anular a tensão entre eles.

Civilização tem comumente para Nietzsche um sentido negativo em virtude dos limites que ela traria para a livre expressão dos instintos humanos, pois erigiria um *corpus* normativo, a eticidade do costume (*Sittlichkeit der Sitte*), que alteraria de forma definitiva a "natureza" do homem.

---

[12] Atentemos para o fato de que a crítica não se estende ao ensino técnico; este, dentro de seus propósitos, tem uma função na sociedade.

[13] Assim como Nietzsche, outros têm o sistema hegeliano como a "filosofia oficial do Estado prussiano" (cf. Engels, Friedrich. "Ludwig Feuerbach e o fim da filosofia clássica alemã". In: *Texto* (1). São Paulo: Edições Sociais, 1975, p. 81).

[14] Vale notar que Nietzsche nunca grafa *Civilisation* com *z*, como a língua alemã exige.

[15] Cf. Elias, Norbert. *O processo civilizador*. Trad. de Ruy Jungmann. São Paulo: Jorge Zahar Editor, 1990, V. I, cap. "Sociogênese da diferença entre *Kultur* e *Zivilisation* no emprego alemão", p. 23-50.

Eticidade não é nada outro (portanto, em especial, *nada mais!*) do que obediência a costumes seja de que espécie for; e costumes são o modo *tradicional* de agir e avaliar. Em coisas em que nenhuma tradição manda não há nenhuma eticidade; e quanto menos a vida é determinada por tradição, menor se torna o círculo da eticidade. O homem livre é não-ético, porque em tudo *quer* depender de si, e não de uma tradição [...] (*Aurora* § 9)[16].

Nos primórdios, uma razão surgiria (como maneira de dar condições de vida ao homem); uma linguagem, estruturada a partir dessa razão, ganharia forma; um pensamento (abstrato) seria possibilitado. Assim, o homem seria tido como um animal doente, pois estaria longe de sua "natureza": "considerado de maneira relativa, o homem é o mais malsucedido dos animais, o mais enfermo, o mais perigosamente desviado de seus instintos" (*O anticristo* § 14).

Não cabe, contudo, segundo Nietzsche, querer saber se é possível "curar" o homem, pois esta condição doentia é inerente a ele (cf. *Para a genealogia da moral* II § 14). Mais ainda, o homem é necessariamente "doente" quando inserido numa civilização. Para além de este ser "doente" por ser civilizado, há uma agravante: a civilização ocidental é de fato doente, ou melhor, decadente, pois tem como seu "motor" o cristianismo. Contra a civilização, Nietzsche acalentou o projeto da transvaloração dos valores, que não levou completa-

---

[16] Nietzsche também não deixa de apontar a inflexão dramática da história da humanidade com a eticidade dos costumes. Tanto que encerra esse parágrafo da seguinte maneira: "Sob o domínio da eticidade do costume, a originalidade de toda a espécie adquiriu má consciência; com isso, até o presente instante, o céu dos melhores é ainda mais ensombrecido do que teria de ser".

mente a termo. Considerava que, na Grécia antiga, o homem podia ser "doente" e a civilização sã. E disto os alemães, cuja formação filológica tem por base os textos gregos, sabiam muito bem. Assim, ao abordar a civilização, coloca em questão, em primeiro lugar, a perda da inocência do homem e da humanidade, e, em segundo, a via que o Ocidente tomou por ter em sua origem o cristianismo.

Como era possível para um grego ser são e civilizado ao mesmo tempo? Em outros termos, como ser uma civilização saudável? A civilização, por meio da eticidade dos costumes, não impedia o livre curso dos instintos humanos? A este respeito, o seguinte fragmento póstumo de Nietzsche é esclarecedor:

> O domínio sobre as paixões, *não* seu enfraquecimento ou extermínio! Quanto maior é a força dominadora de nossa vontade, tanto mais liberdade pode ser dada às paixões. O grande homem é grande pelo espaço de liberdade de suas paixões: ele é, porém, forte o suficiente, de modo que faz desses monstros seus animais domésticos (fragmento póstumo 16 [7], da primavera-verão de 1888).

---

[17] Também não é de outra maneira que hodiernamente se compreende *Kultur*. Freud, em seu *Unbehagen in der Kultur* (*O mal-estar na civilização,* como se verte comumente para o português), entende cultura como "a soma integral das realizações e regulamentos que distinguem nossas vidas das de nossos antepassados animais, e que servem a dois intuitos, a saber: o de proteger os homens contra a natureza e o de ajustar os seus relacionamentos mútuos" (Freud, Sigmund. *O mal-estar na civilização*. Trad. de José Octavio de Aguiar Abreu. Rio de Janeiro: Imago, 1974, III, p. 109). A esse respeito, ver Blondel, Éric. "Nietzsche: a vida e a metáfora". Trad. de Fernando R. de Moraes Barros. In: *Cadernos Nietzsche,* 16. São Paulo: GEN, 2004, p. 9.

Faces de uma mesma moeda, a civilização torna-se sã quando a *Kultur* predomina[17]. E o inverso também é verdadeiro, conforme o próprio filósofo assevera:

> os pontos máximos da cultura [*Cultur*] e da civilização [*Civilisation*] estão separados entre si: não devemos nos enganar sobre o abissal antagonismo entre cultura e civilização. Os grandes momentos da cultura – moralmente falando – sempre foram tempos de corrupção; e, novamente, as épocas da voluntária e coerciva *dominação animal* ("civilização") do homem foram tempos de intolerância para as naturezas mais espirituais e ousadas [...] (fragmento póstumo 16 [10], da primavera-verão de 1888).

Assim, *Kultur* e *Civilisation* dizem respeito ao agrupamento humano de forma mais ampla[18]. *Bildung*, por sua vez, limita-se à formação de um indivíduo particular[19]. Isto fica claro quando, depois de lamentar que a *Bildung* alemã tenha sido confundida com a *Kultur* filistéia, Nietzsche defina a *Kultur* como "a unidade de estilo que se manifesta em todas

---

[18] Tanto é que quando Nietzsche refere-se a uma cultura aristocrática ou nobre (*vornehmen Cultur*), a uma cultura européia (*europäischen Cultur*), a uma cultura dos sofistas (*Sophisten-Cultur*) ou a uma cultura dos realistas (*Realisten-Cultur*), a uma cultura moura (*maurische Cultur*), cultura sempre é compreendida num sentido amplo, nunca em oposição a civilização.

[19] W. v. Humboldt é um dos poucos que possuem uma posição diferente. Para ele, entre a *Kultur* e a *Bildung* há apenas uma diferença de grau. Posição esta que até mesmo seu irmão, A. v. Humboldt, se opõe (cf. *Civilisation – le mot et l'idée*. Centre International de synthèse. Paris: La Renaissance du Libre, 1930, p. 68-9).

as atividades de uma nação" (*Primeira consideração extemporânea* § 1). Em suma, a *Bildung* desenrola-se dentro de uma cultura/civilização, no caso, a cristã. Será assim numa empreitada individual, por meio da *Bildung*, num espaço e tempo determinados, que Nietzsche questionará a *Kultur* e a *Civilisation* em todas as suas dimensões.

O sentido que o filósofo atribui à *Bildung* não difere da maneira pela qual seu meio social a compreende. *Bildung* é um conceito que evolui a partir do quadro político-social da Alemanha, desde os fins do século XVIII, estando enraizado numa realidade particular e fazendo sentido apenas no contexto alemão. Daí a dificuldade em vertê-lo para outra língua[20]. *Bildung* expressa uma visão de mundo; tem, portanto, uma importância no nível ideológico, educacional, filosófico e estético. Num fragmento póstumo, Nietzsche pergunta-se "*Was ist Bildung?*" e responde elencando e comentando inúmeros tópicos, como "alvo da cultura/formação", "tarefa da cultura/formação", "alvo da história [*Geschichte*]", "filosofia e arte", "perpetuar os espíritos superiores", "a tarefa do homem cultivado [*Gebildeten*]", "ponto de partida" e "viver as imagens estelares". Neste fragmento, o filósofo insiste na importância do homem nobre para seus contemporâneos, na necessidade de ter-se a imagem de um nobre como ideal, na relevância de agir e viver segundo os grandes espíritos, pois estes são os únicos que podem fazer da cultura/for-

---

[20] Apoiamo-nos amplamente aqui no verbete *Bildung*, presente em Rudolf Viehaus. *Geschichtliche Grundbegriffe. Historisches Lexikon zur politische-sozialen Sprache in Deutschland*, 7 vs., org. de Otto Brunner, Werner Conze e Reinhart Koselleck, v. 1, Stuttgart, Klett-Cotta, 4ª ed., 1992, p. 508-51. Reportamo-nos também ao livro de W. H. Bruford, *The German Tradition of Self-Cultivation: "Bildung" from Humboldt to Thomas Mann*. Cambridge: Cambridge University Press, 1975.

mação uma "potência de transfiguração" do homem. E o ponto de partida deve ser Goethe (cf. fragmento póstumo 8 [92], do inverno de 1870-71/outono de 1872). Como assevera Hans Rosenberg:

> Educação superior no sentido de *Bildung* torna-se um importante atributo de reputação social. *Bildung*, como concebida pelos neo-humanistas alemães na época de Lessing, Herder, Winckelmann, Goethe, Schiller, Kant, Fichte e Humboldt, significava muito mais do que estudos superiores, gerais e especializados. Sem dúvida, *Bildung* exigia um espírito disciplinado e um conhecimento aguçado, mas também desenvolvimento de caráter e de personalidade. *Bildung*, portanto, implicava ênfase suprema na interioridade e na sensibilidade do coração: convidava o homem a procurar a felicidade em si mesmo orientando o conjunto de sua vida para a fusão harmoniosa de elevação espiritual, refinamento emocional e perfeição mental e moral individualizada. *Bildung* era também a via de mobilidade social[21].

E nisso os romances de formação têm papel fundamental. O leitor reproduziria vivencialmente a experiência dos personagens, faria dos valores deles os seus, se identificaria com o autor. E, por ser único, indivíduo singular diferente de todos os demais, se formaria de modo pleno como um autodidata[22].

---

[21] Rosenberg, Hans. *Bureaucracy, Aristocracy and Autocracy – The Prussian Experience 1660-1815*. Cambridge, Massachusetts: Harvard University Press, 1958, p. 182-3.

[22] Conforme *Sobre o futuro de nossos estabelecimentos de ensino*, os procedimentos coletivos de formação são indispensáveis à formação de si.

O nascimento da *Bildung* deu-se nos pequenos estados em que imperava o absolutismo ou o despotismo esclarecido, e nos quais a aristocracia e o clero procuravam adaptar-se à razão e, por conseguinte, buscavam ter uma atitude em que o esclarecer e o educar fossem sua marca distintiva. Se *Bildung* tinha um sentido de produção de uma forma exterior, com o Iluminismo há uma transformação em seu sentido (mudança esta que não será de pequena monta, como veremos), que passa a ser a produção de uma forma interior ao humano – o que permitirá a aproximação de *Bildung* e *Erziehung* (educação).

Com Herder, o conceito de *Bildung* começa a emancipar-se do de educação. Deixando de colocar-se como a maneira pela qual se poderia, pela via da educação, obter no meio social os melhores fins, como a felicidade, *Bildung* passa a ter atrelada a si a idéia de autoformação do psíquico, do intelectual e do físico. Estão assim desvinculados do ideário da *Bildung* qualquer finalidade pragmática e, mais ainda, qualquer intuito revolucionário[23]. Tanto que Goethe prefere uma emancipação político-social em que não haja conflito

---

A prática assídua dos grandes clássicos teria o poder de desenvolver o sentimento de diferença entre a forma e a barbárie. Recorrendo a modelos para a formação de si, se obteria o sentido individual e coletivo da *Bildung*. A esse respeito, ver *Der grosse Brockhaus*. Wiesbaden: F. A. Brockhaus, 15ª ed., 1953, p. 121-2. Notemos ainda que o termo *Bildung* tinha, até o século XVIII, na Alemanha, seu significado próximo ao de *Bild* (imagem; *imago*, em latim), isto é, duma reprodução por semelhança (*Nachbildung*; *imitatio*, em latim) (cf. Lacoue-Labarthe, Philippe. *A imitação dos modernos*. Trad. de João Camilo Penna e outros. São Paulo: Paz e Terra, 2000, p. 212).

[23] Basta lembrarmos a conversa entre os dois garotos em *Sobre o futuro de nossos estabelecimentos de ensino* em que Nietzsche põe em evidência o caráter não-utilitário da cultura (*Bildung*).

entre a burguesia e a nobreza, apostando num entendimento[24]. O romance de formação assume a função de trazer essa emancipação por uma via não revolucionária – aqui o teatro (o teatro-formação) tem um papel fundamental, pois a educação estética propicia a referida emancipação. Essa é a trilha que seguem Schiller e Lessing, assim como a geração do movimento literário pré-romântico *Sturm und Drang* (Tempestade e Assalto).

A formação não é um "direito universal". Ela é privilégio de um segmento da sociedade; depende assim da condição social[25]. E é desse modo que está presente em *Os anos de aprendizagem de Wilhelm Meister* (*Wilhelm Meisters Lehrjahre*), de Goethe. Lá, o personagem principal, numa carta a seu cunhado Werner, assevera:

> [...] na Alemanha só a um nobre é possível uma certa formação geral, e pessoal, se me permites dizer. Um burguês pode adquirir méritos e quando muito formar seu espírito, mas sua personalidade se perde, faça ele o que quiser[26].

Não é de modo diferente que Nietzsche pensa. Nem é à toa que atribui papel central ao nobre; e muito menos que expresse sua aversão à *Bildungsbürgertum*. A burguesia culta do século XIX está mais próxima do erudito (*der Gelehrte*), figura que não deixa de ser um mero acumulador de sabe-

---

[24] Isto, digamos de passagem, não dará, *grosso modo*, em Habermas?
[25] Esta também é a posição de Schopenhauer sobre a *Bildung*. Para ele, há um *gap* entre as massas e o homem de intelecto, especialmente o gênio (cf. Bruford, W. H., *op. cit.*, p. 164).
[26] Goethe, J. W. *op. cit.*, p. 286.

res[27]. E aqui há um anacronismo e uma contradição. Ao afirmar que a personalidade de um burguês não se alterará, Wilhelm assume uma posição antiburguesa. Mas este projeto de formação não é o do *burguês* Wilhelm? O dele não é um projeto burguês? E aqui reencontramos Nietzsche.

Anacronismo: a face aristocrática do mundo vem abaixo, numa velocidade inaudita; os valores nobres são atropelados pelo desenvolvimento do moderno sistema produtor de mercadorias; a harmonia que rege o homem bem formado, de personalidade plena, esfacela-se. Não há mais como aspirar a uma formação integral num mundo em que a divisão do trabalho e a especialização dão as cartas; não existe mais possibilidade de resgatar os valores aristocráticos numa época em que os valores econômicos estão em primeiro e único plano. A elite culta vê-se rapidamente, a partir de meados da década de 1870, questionada pela burguesia e pelos proletários; ela vê-se de repente sem lugar no meio social, ou melhor, sem *o* seu lugar. O poder que possuía dentro da burocracia estatal esvazia-se; as universidades começam a abrir-se para os estudos técnicos, as escolas deixam de ter um currículo clássico, a educação elementar massifica-se[28]. A *Bildung*

---

[27] Cf. *Sobre o futuro de nossos estabelecimentos de ensino* e *Primeira consideração Extemporânea*.

[28] Noutros termos, Gerd Bornheim aponta para o fim dessa face pré-moderna do mundo. "O globo terrestre não era apreendido como unidade espacial e temporal. Realmente, o próprio conceito de cultura universal é criação burguesa; o conceito de *Weltliteratur*, literatura universal, por exemplo, foi forjado por Goethe. Mas era justamente aquele relativo isolamento em que viviam as culturas tradicionais que garantia a unidade e a preservação de um estilo [lembremos que, numa de suas primeiras definições de cultura, Nietzsche afirma que ela é unidade de estilo]. Nos tempos modernos, verifica-se o contrário: plurali-

não é mais possível – daí a posição anacrônica de Nietzsche, que quer sustentar uma determinada concepção de cultura num mundo sem qualquer tipo de unidade.

Contradição: Nietzsche não era um nobre, mas um burguês (do espírito). Investia, portanto, contra seu segmento social (com conhecimento de causa, por conseguinte), a fim de se pôr para além dele.

Nietzsche buscaria uma ascensão social, um reconhecimento público? "Pois bem, tenho uma inclinação irresistível por essa formação harmônica de minha natureza, que me é negada por meu nascimento", diz Wilhelm[29]. O mesmo ocorre com Nietzsche, que não vacila, a nosso ver, em aspirar ao andar superior. Wilhelm escolheu o caminho do teatro; Nietzsche, que não é nenhum personagem de romance de formação, trilhará seus *Holzwege*. Ambos, no entanto, estarão presos à vida burguesa que tanto recusavam.

Ao explorar esse anacronismo e essa contradição, procuraremos questionar a opção que o filósofo fez pela *Bildung*.

* * *

Como recurso metodológico, adotamos a periodização da obra de Nietzsche em três momentos: num primeiro, caracterizado como pessimismo romântico, os escritos de 1870 a 1876, de *O nascimento da tragédia* às *Considerações extemporâneas;* num segundo momento, tido como positivista, os textos de 1876 a 1882, de *Humano, demasiado humano* à

---

dade e internacionalização de estilos, num processo de renovação, que se pretende sempre surpreendente" (Bosi, A., org. *Cultura brasileira. Tradição, contradição*. Rio de Janeiro: Zahar/Funarte, 1987, p. 25).

[29] Goethe, J.W. *Os anos de aprendizagem de Wilhelm Meister*. Trad. de Nicolino Simone Neto. São Paulo: Ensaio, 1994, p. 288.

quarta parte de *A gaia ciência*; e, por fim, os livros do período da transvaloração dos valores, de 1882 a 1888, de *Assim falava Zaratustra* ao *Ecce Homo, Nietzsche contra Wagner* e *Ditirambos de Dioniso*[30].

Acreditamos que a questão da cultura/formação (*Bildung*) perpassa os três momentos da obra. Essa posição diverge das dos comentadores que, de um modo geral, apontam a cultura/civilização (*Kultur*) como o eixo principal, articulador dos demais temas. E isto porque eles privilegiam, na maior parte das vezes, de uma maneira ou de outra, o embate entre cultura e natureza, a tensão entre normas estabelecidas e a ação humana, a falta de correspondência entre a moral e a "essência natural" do homem[31].

---

[30] De forma lacônica: não existe um consenso entre os comentadores no que tange à periodização. Deleuze, Kaufmann e Schacht não adotam periodizações. Andler, Löwith, Marton, Clark periodizam a obra de Nietzsche de maneiras diferentes (cf. respectivamente: Deleuze, Gilles. *Nietzsche e a filosofia*. Trad. de António M. Magalhães. Porto: Rés, s/d.; Kaufmann, Walter. *Nietzsche, philosopher, psychologist, anticrist*. Nova York: The World Publisching Co., 1965; Schacht, Richard. *Nietzsche*. Londres: Routledge & Kegan Paul, 1983; Andler, Charles. *Nietzsche, sa vie et sa pensée*. Paris: Gallimard, 1958. 3v.; Löwith, Karl. *Nietzsches Philosophie der ewigen Wiederkehr des Gleichen*. Hamburgo: Felix Meiner Verlag, 1978; Marton, Scarlett. *Nietzsche: Das forças cósmicas aos valores humanos*. São Paulo: Editora da UFMG, 2ª ed., 2000; Clark, Maudemarie. *Nietzsche on truth and philosophy*. Cambridge: Cambridge University Press, 1990). Estes convergem, no entanto, no que tange ao caráter puramente metodológico da periodização. Seguimos, neste ponto (como em outros), Marton (cf. *ibid.*, p. 34-8). Nesse trabalho raramente levaremos em conta a produção filológica, composta de textos que o filósofo redigiu entre 1864 e 1870.

[31] A esse respeito, podemos citar os seguintes comentadores: Alois Riehl, com o livro *Friedrich Nietzsche. Der Künstler und der Denker. Ein Essay*. Schutlerwald/Baden. Wissenschaftlicher Verlag, 2000; Éric Blondel,

com o livro *Nietzsche, le corps et la culture* (Paris: PUF, 1986) e o artigo "Nietzsche: A vida e a metáfora", traduzido por Fernando R. de Moraes Barros, publicado em *Cadernos Nietzsche*, 16 (São Paulo: GEN, 2004, p. 7-51); Patrick Wotling, com o livro *Nietzsche et le problème de la civilization* (Paris: PUF, 2ª ed., 1999); Sarah Kofman, com o artigo "O/Os 'conceitos' de cultura nas Extemporâneas ou a dupla dissimulação", traduzido por Milton Nascimento, publicado no livro *Nietzsche hoje?*, organizado por Scarlett Marton (São Paulo: Brasiliense, 1985, p. 71-109); Duncan Large, com o artigo "'Nosso maior mestre': Nietzsche, Burckhardt e o conceito de cultura", traduzido por Fernando R. de Moraes Barros, publicado nos *Cadernos Nietzsche*, 9 (São Paulo: GEN, 2000, p. 3-39); Pierre Klossowski, com o livro *Nietzsche e o círculo vicioso*, traduzido por Hortência S. Lencastre (Rio de Janeiro: Pazulin, 2000).

NIILISMO: FRENTE E VERSO

1. *A "crise de Kant"*

Com uma expressão muito significativa, a "crise de Kant", Kleist pontua um dos principais problemas de seu tempo, legado pela filosofia kantiana e fomentado pelo pós-kantismo. Problema que também Nietzsche vê como latente: "nossos Hölderlin e Kleist, e muitos outros com eles, foram destruídos por sua anormalidade e não puderam suportar o clima da assim chamada cultura/formação alemã". No que acrescenta, mostrando ter conhecimento dos percalços desses malogros: "a devastação e o desespero de toda a verdade [...], vivenciados como um efeito da filosofia kantiana" (*Terceira consideração extemporânea* § 3)[1].

---

[1] Cf. também *Primeira consideração extemporânea* § 2 e fragmentos póstumos 27 [66], da primavera/outono de 1873, e 25 [172], da primavera de 1884. Sobre os colapsos das vidas de Hölderlin, Kleist e Heine, ver Rudnystsky, Peter L. *Freud e Édipo*. Trad. de Maria Clara Cescatto. São Paulo: Perspectiva, 2002, p. 126-44. E sobre a debilidade dos primeiros românticos em geral, ver Arantes, Paulo. "Origens do espírito de contradição organizado". In: *Ressentimento da dialética*. São Paulo: Paz e Terra, 1996, p. 220 e segs.

Não é todo pensador que consegue suportar o impacto da filosofia de Kant, pois ela dilacera os espíritos mais fragilizados. Somente aqueles que não passam de máquinas de "pensar e calcular" conseguiriam sair ilesos do "desespero da verdade" que o pensamento kantiano provoca (*idem*). Mas o que é precisamente essa "crise"? O próprio Kleist pode começar a nos esclarecer:

> Se todos vissem o mundo por meio de lentes verdes, seriam forçados a julgar que tudo o que viam *era* verde, e nunca poderiam estar certos de que seus olhos vêem as coisas como realmente são, ou se não estariam acrescentando algo de si próprios ao que vêem. O mesmo ocorre com o nosso intelecto. Nunca podemos estar certos de que é realmente Verdade o que chamamos de Verdade, ou se apenas parece sê-lo para nós. Se apenas parece, tudo é uma luta em vão por uma posse que talvez nunca nos acompanhe até o túmulo[2].

"Desespero de toda a verdade" que tem início quando Kant tenta reestruturar a partir de novas bases o cambaleante saber metafísico, provocando com isso uma ruptura entre entendimento e razão, conceitos e idéias, fenômeno e coisa-em-si, que fez com que sujeito e objeto, homem e mundo, espírito e natureza se tornassem pólos irreconciliáveis.

Kant entende, *grosso modo*, que a metafísica era um conhecimento especulativo da razão que ultrapassava a experiência por meio de conceitos *a priori*[3]; que era um conheci-

---

[2] Passagem da conhecida carta à sua noiva, Wilhelmine von Zenge, de 20 de março de 1801 (Miller, Philip B. (org.). *An Abyss Deep Enough: Letters of Heinrich von Kleist with a Selection of Essays and Anecdotes*. Trad. de Philip B. Miller. Nova York: Dutton, 1982, p. 95).

mento desvinculado do empírico, em que a razão tinha apenas um uso puro[4]. Pretende assim transformar a metafísica numa ciência, malgrado as antinomias que ela engendrava[5], ou seja, busca introduzi-la no trilho seguro das matemáticas, da lógica e da física. Critica os metafísicos de então por usarem a razão em questões que estavam para além da experiência e por incorrerem de modo inevitável em respostas antinômicas. Procura saber se a razão conhecia alguma coisa *a priori* quando os objetos da experiência estavam em foco. Julga, por conseguinte, que, para a metafísica alcançar o *status* de ciência, um conhecimento puro dos objetos do mundo empírico devia ser possível, e não mais apenas um conhecimento racional de objetos inteligíveis.

Já nos *Prolegômenos a toda metafísica futura* encontramos a questão de saber o que a razão pode e o que não pode conhecer *a priori*[6]. Kant estabelece então os limites da razão, pondo fim às antinomias que resultam do uso incorreto que dela fazem os metafísicos dogmáticos (um uso da razão para além da experiência, sem o exame prévio da faculdade de conhecimento) e impede, dessa maneira, a possibilidade de conhecer *a priori* as coisas tal como elas são, como se fôssemos capazes de uma intuição intelectual, quando temos apenas intuições sensíveis.

---

[3] Cf. Kant, I. *Prolegômenos a toda metafísica do futuro*. Trad. de Tania Maria Bernkopf. In: *Textos selecionados*. São Paulo: Abril Cultural: 1980, § 1 A 23/24.

[4] Cf. *idem*. *Crítica da razão pura*. Trad. de Valério Rohden e Udo Baldur Moosburger. São Paulo: Nova Cultural, 1988 (A 2/5; B 7/9). Como sabemos, esta é a tradução da segunda edição da *Crítica*.

[5] Cf. Kant, I. *Crítica da razão pura*, op. cit., B 448 e segs.

[6] Cf. *idem*. *Prolegômenos a toda metafísica futura*, op. cit., Apêndice, A 212-3.

De extrema importância é a distinção kantiana entre uma proposição analítica e uma proposição sintética. Quando usamos a razão especulativamente, as proposições devem ser analíticas e ter por base as idéias[7]. Aqueles que pretenderam conhecer para além da experiência (os metafísicos dogmáticos), partindo de proposições *a priori* das matemáticas, incorreram no erro de acreditar ser possível delas inferir novos conhecimentos. Mas as idéias da razão são princípios de sistematização do conhecimento, quando da aplicação das categorias do entendimento à diversidade sensível, e não se referem a nenhum objeto real[8]. Designam conceitos regulativos cuja possibilidade é lógica. Para provar sua possibilidade real e garantir a pretensão da metafísica a um tipo específico de proposições sintéticas *a priori*, seria preciso que os objetos dessas idéias fossem dados numa intuição qualquer. Só que esta intuição não poderia ser sensível, porque esses objetos não são empíricos e porque neste caso as proposições não seriam *a priori*. Deveria ser uma intuição racional, intelectual. Mas nosso entendimento é discursivo, e não intuitivo. Como saber algo *a priori* acerca das coisas-em-si mesmas antes que elas nos sejam dadas, se nosso conhecimento só é possível quando conceitos do entendimento apóiam-se em intuições de objetos dados na experiência?

Problema que se resolve quando Kant realiza a sua revolução copernicana. A intuição deixa de ser regulada pela natureza dos objetos, e estes, por sua vez, passam a ser regulados por nossa faculdade de intuir[9]. Sendo referidas a objetos por meio de seus conceitos, as intuições acabam por pro-

---

[7] Cf. Kant, I. *Crítica da razão pura*, op. cit., A 736/B 764-5.
[8] Idem. *Prolegômenos a toda metafísica futura*, op. cit., § 44 A 132.
[9] Cf. idem. *Crítica da razão pura*, op. cit., B XVII.

mover o conhecimento. Isto significa que podemos conhecer *a priori* aquilo que nós mesmos pomos nas coisas – as intuições e os conceitos puros[10]. Assim, dada a possibilidade de conhecer algo *a priori* acerca das coisas em si mesmas, podemos conhecer algo *a priori* acerca das coisas tal como as experimentamos. Com isto, temos, de um lado, um objeto que é considerado como fenômeno (que recebe – ao ser dado na experiência – uma determinada configuração de nossa faculdade de cognição); e temos, de outro, um objeto considerado em si, independentemente das configurações dadas por nossa faculdade de cognição. Desse modo, conforme a tese do Idealismo Transcendental, só podemos conhecer fenômenos; as coisas em si são incognoscíveis. Só conhecemos representações, ou seja, só conhecemos objetos por meio de nossas representações[11].

---

[10] Cf. Kant, I. *Crítica da razão pura*, op. cit., B XVIII.

[11] Cf. *id., ibid.*, B 518-9, entre outras passagens. A inacessibilidade da coisa-em-si não decorre de um estreitamento do conhecimento; este pode continuar se ampliando. Aliás, confundir o acesso à coisa-em-si com o progresso do saber foi um dos equívocos de Engels, mostra Lukács. Ao procurar refutar a coisa-em-si, Engels recorre ao desenvolvimento científico: "'A refutação mais flagrante dessa mania, como de todas as manias filosóficas, é a práxis, isto é, o experimento e a indústria. Se pudermos provar a validade de nossa concepção de um processo natural fazendo-o nós mesmos, produzindo-o a partir de suas condições e, além disso, colocando-o a serviço dos nossos objetivos, damos um fim à inapreensível 'coisa-em-si' kantiana. As substâncias químicas produzidas nos organismos vegetais e animais permaneceram como 'coisas-em-si' até o momento em que a química orgânica começou a prepará-las uma após outra [...]". Engels vem nos dizer que a coisa-em-si não reduz o conhecimento, não impede que a ciência avance ilimitadamente. No entanto, o ponto é outro: o conhecimento dos fenômenos, mesmo que de um conjunto abarcado, não deixaria de ser conhecimento de fenômenos, pouco importa a amplitude e aprofun-

A pedra de toque que mantém o Idealismo Transcendental, a distinção entre o fenômeno e a coisa-em-si, que tem seus desdobramentos na Estética Transcendental, não ficou isenta de trabalhos que, desde a primeira hora, não lhe pouparam críticas. Partindo do "problema da afecção", ou do estatuto da passividade/receptividade da sensibilidade, Jacobi, no apêndice de seu livro *David Hume, sobre a crença ou Idealismo e Realismo*, elabora uma das mais duras críticas à distinção entre o fenômeno e a coisa-em-si, apontando inúmeras dificuldades no empreendimento kantiano[12].

Para Jacobi, o Idealismo Transcendental, *noyau* da *Crítica da razão pura*, não permitia nada que não fossem representações, nem mesmo manifestava-se sobre qualquer coisa que fosse posta de maneira independente das representações. Analisando inúmeras passagens da *Crítica da razão pura*[13], Jacobi pôde afirmar que, dada a defesa que Kant fazia do mundo fenomênico, tudo o que não podia ser representado

---

damento do conhecimento dum determinado objeto (cf. Lukács, Georg. *História e consciência de classe*. Trad. de Rodnei Nascimento. São Paulo: Martins Fontes, 2003, p. 277). Voltaremos – de forma breve – a esta "refutação" de Engels por Lukács num outro momento e por outras razões.

[12] Cf. Jacobi, F. H. *David Hume über den Glauben, oder Idealismus und Realismus*. In: *Werke*. Darmstadt: Wissenschaftliche Buchgesellschaft, 1976-80, v. II. Este apêndice, "Sobre o idealismo transcendental", de 1787, apareceu poucos meses antes da segunda edição da *Crítica da razão pura*. Apesar de Jacobi sempre ter dado maior ênfase à primeira edição da *Crítica*, pois considerava que nesta a tendência idealista tinha traços mais marcantes, os argumentos que Kant teria trazido na segunda edição, que, em princípio, neutralizaria as críticas, são tidos apenas como intenções que malograram, como veremos na seqüência.

[13] Sendo as principais o Quarto Paralogismo, o § 7 da Estética Transcendental e a Dedução dos Conceitos Puros do Entendimento.

era inacessível; todos os objetos que faziam parte da experiência eram fenômenos, aos quais tínhamos acesso apenas por meio de representações, mesmo quando a percepção se remete à intuição dos objetos, pois, como fenômenos, não deixam de ser representações. De pouco adiantava Kant admitir algo diverso da coisa-em-si como tendo existência exterior[14], pois, se este algo é uma representação, que não sabemos se está dentro ou fora de nós – nada resolvendo levar em conta espaço e tempo, pois estes são condições subjetivas da representação – o objeto encontra-se num registro estritamente subjetivo, sendo efetivo somente enquanto formas reais da intuição interna.

Eis todo o problema: de um lado, há o objeto empírico, que existe em nós como representação (como representar sem ter o representado?); de outro, o objeto transcendental, que, embora recaia sobre ele o mais absoluto desconhecimento, é a condição externa de nossa representação. Como Kant poderia dizer que os objetos causam impressões nos sentidos, que produzem sensações e as subseqüentes representações, se a inteligibilidade requer que se tenha acesso a algo diferente das representações a fim de termos uma correspondência com a sensibilidade? Sem admitirmos que podemos conhecer a coisa-em-si, não temos, conclui Jacobi, condições de saber a maneira pela qual os objetos nos afetam. No entanto, a coisa-em-si como causa inteligível do fenômeno entra em choque com o aspecto exclusivamente fenomênico do objeto empírico, encerrado na esfera da representação, já que o objeto transcendental não é passível de nenhum conhecimento objetivo[15].

---

[14] Cf. Kant, I. *Crítica da razão pura*, op. cit., A 372 e A 373.

[15] A este respeito, ver Rousset, B. *La doctrine kantienne de l'objectivité*. Paris: Vrin, 1967, p. 178-97.

Fratura exposta: falta um elo entre os objetos existentes e os objetos cuja existência é tão-somente representativa. Em outros termos, seguindo Jacobi, podemos dizer que a auto-referencialidade ou a autopercepção da razão, racionalismo e imanentismo no mais alto grau, retira da realidade seu direito à existência, reduzindo-a ao nada; somente ao sujeito é dado o direito à existência[16]. A esse problema crucial que o pensador traz, Kant não dará uma solução satisfatória, permitindo que esse imbróglio tenha desdobramentos[17].

Assim, Jacobi não deixará de se haver com Fichte, que converte a posição absoluta e originária do Eu na razão suficiente do ser e do pensar. Em sua *Carta a Fichte*, de 1799, dá aos resultados da pedra de toque kantiana, pela primeira vez, a denominação de niilista[18]. Fichte teria sido aquele que le-

---

[16] De forma emblemática, podemos dizer que sem a coisa-em-si o edifício crítico kantiano não se mantém, mas com ela tampouco se sustenta. Não é à toa que Fichte dirá que é preciso salvar o "espírito" do sistema, em que pesem os problemas da "letra".

[17] Jacobi havia enviado a Kant um exemplar de seu trabalho com as observações críticas que fez à primeira edição da *Crítica*. Críticas estas que foram respondidas no prefácio à segunda edição: "permanece sempre um escândalo da filosofia e da razão humana em geral ter de admitir simplesmente por *crença* a existência de coisas fora de nós" (cf. *Crítica da razão pura, op. cit.*, B XXXIX). Qual a solução que Jacobi fornece? Ele acaba com o interdito à coisa-em-si. Deixamos de lado todas as polêmicas que surgiram acerca das posições de Jacobi e as defesas que procuraram "salvar" o idealismo transcendental, pois a ausência delas não interferirá na nossa argumentação.

[18] Cf. Jacobi, F. H. "Jacobi an Fichte". In: *Werke*. Darmstadt: Wissenschaftliche Buchgesellschaft, 1976-80, vol. III, reed. Na tradução francesa, "Lettre à Fichte". In: *Œuvres philosophiques*. Trad. de J.-J. Anstett. Paris: Aubier, 1946, p. 327-31. Com essa denominação, a "crise de Kant" se apresenta por completo. Nas palavras de Nietzsche: "não existe verdade alguma; de que não existe qualidade absoluta das coisas, de

vou mais longe a razão especulativa, submetendo ao "eu sou" todo o mundo fenomênico. É esse idealismo de cunho fichtiano (um verdadeiro "espinosismo invertido" da *Doutrina da Ciência*), que Jacobi considera niilista. Essa Ciência tem seu motor na "autoprodução de seu objeto", tanto que só conhecemos uma coisa quando a produzimos pela "imaginação" e suprimimos toda a dimensão de sua existência que está separada do "eu", encaminhando o objeto para o nada. Noutras palavras, a razão teria deixado de ser entendida como percepção do Absoluto:

> Razão [*Vernunft*] tem por raiz perceber [*vernehmen*] [e isto desde Leibniz e Herder]. A razão é, portanto, uma percepção que se percebe a si mesma, ou ainda, a razão pura percebe a si mesma. A filosofia da razão pura é assim um processo químico, graças ao qual tudo o que se encontra fora dela é aniquilado[19].

Fichte teria "destruído" com seu acosmismo o referente, libertando-o de toda representação por meio da Reflexão. Assim, tanto no apêndice a seu livro *David Hume, sobre a crença ou Idealismo e Realismo*, como em sua *Carta a Fichte*, Jacobi aponta as conseqüências da redução do infinito ao finito e da eliminação desse mesmo finito pelo pensamento transcendental-dialético no momento mesmo em que o conhecimento ocorre, transformando-o num nada[20].

---

que não existe 'coisa-em-si'", pois "isso é niilismo e, na verdade, o niilismo mais extremo" (fragmento póstumo 9 [35], do outono de 1887).

[19] Jacobi, F. H. "Lettre à Fichte", *op. cit.*, p. 313.

[20] Sobre a relação de reciprocidade entre niilismo e idealismo, ver Müller-Lauter, Wolfgang. "Nihilismus als Konsequenz des Idealismus. F. N. Jacobis Kritik an der Transzendentalphilosophie und ihre philoso-

2. O aprofundamento da "crise de Kant"

Nietzsche não conhecia os antecedentes da história do niilismo, assim como não sabia que Jacobi fora o primeiro a ver niilismo na *Crítica da razão pura*[21]. Como já dissemos, ele se dá conta dos desdobramentos da "crise de Kant" e do forte impacto que ela causa nos espíritos mais fragilizados, por meio de seus poetas prediletos, e não por intermédio dos escritos de Jacobi. Mas isto pouco importa. O fato é que esta questão estava na hora do dia, não podendo ser deixada de lado. Nietzsche se voltará para aquele que encarna hordienamente a ele a "crise" – Hegel[22].

Antes de mais nada, lembremos que Hegel considera inacabada a maneira com que o niilismo surge na pena de Jacobi, isto é, como uma dialética interrompida ou incompleta entre o infinito e o finito, o sujeito e o objeto, pois so-

---

phiegeschichtlichen Folgen". In: Schwan, Alexander (org.). *Denken im Schatten des Nihilismus*. Darmstadt, 1975, p. 113-63. Ainda a esse respeito, ressalte-se o primeiro capítulo da segunda parte, "Nihilisme et idéalisme", do livro de Souche-Dagues, Denise. *Nihilismes*. Paris: PUF, 1996.

[21] Cf. afirma Heidegger, M. *Nietzsche*. Paris: Gallimard, 1961, t.II, p. 31. Ver também Casares, Manuel Barrios. *Hölderlin y Nietzsche: Dos paradigmas intempestivos de la modernidad en contacto*. Sevilha: Reflexión, 1992, p. 29. Cf. também Portales, Gonzalo. *Filosofía y catástrofe. Nietzsche y la devastación de la política*. Santiago: Universidad Arcis, 2002, p. 133, nota 23.

[22] Se aqui trazemos Hegel e não Fichte e Schelling (que também, em determinados momentos de suas obras, partiram de um fundamento absoluto) ou Schulze, Maimon e Hamann, isto se deve ao fato de Nietzsche privilegiar (criticamente) as inflexões hegelianas nesse embate acerca dos problemas decorrentes do Idealismo Transcendental, que, a seu ver, aprofundaram a "crise".

mente a existência do objeto do conhecimento era suprimida; faltava a supressão de seu outro: o próprio sujeito do conhecimento. Dito numa chave "lógica", para Hegel importava apenas o nada Absoluto, isto é, o acabamento do verdadeiro nada, de onde tudo advém[23]. Noutras palavras, contra Jacobi Hegel considerava necessário o "niilismo da filosofia transcendental" de Fichte, embora o achasse insuficiente para atingir o pensamento puro e superar a oposição ao ser.

Para tornar viável a efetiva supressão da oposição entre idéia e coisa, sujeito e objeto, própria do conhecimento das ciências da natureza, que serve de modelo a Kant e que impede a identidade entre pensamento e ser, Hegel introduz o ponto de vista histórico na teoria do conhecimento. De sorte que essa identidade entre pensamento e ser, assinalada pela tradição como "ideal" de verdade, cuja realização absoluta só teria lugar em Deus, mostra-se agora alcançável também para a razão humana no conhecimento histórico, compreendido à luz da concepção do vir-a-ser como Espírito Absoluto. A filosofia hegeliana teria encontrado uma solução para a "crise de Kant"?

No ver de Nietzsche, Hegel teria incorrido num "pecado" que não poderia ser perdoado:

> Hoje em dia, depois do que Kant escreveu, é arrogância, é ignorância propor à filosofia, como fazem em especial os teólogos mal instruídos que querem brincar de filósofos, a tarefa de apreender o Absoluto com a

---

[23] Cf. Arantes, Paulo. *Ressentimento da dialética*. São Paulo: Paz e Terra, 1996, p. 243 e segs. Notemos que, se em *Fé e saber* o ser era o ponto de partida para o fazer filosófico, com a *Ciência da lógica*, o nada tem essa função.

consciência – por exemplo, na forma que Hegel utiliza: *o Absoluto está presente, como poderíamos ir procurá-lo? (A filosofia na época trágica dos gregos*, I).

Vemos aí, com todas as letras, Nietzsche utilizando Kant para combater Hegel. Estranho? Não, se lembrarmos que ele entra em contato com a filosofia de Hegel por meio do anti-hegelianismo de Schopenhauer. Hegel foi um "mau cristão": assim terminam as passagens do complemento ao *Mundo como vontade e representação* em que a História é duramente criticada.

> Esses filósofos historiadores de que falo, esses glorificadores são inocentes realistas, imbuídos de eudemonismo, otimismo, de espírito raso [...]; mas esses são, na verdade, maus cristãos, pois a essência, o verdadeiro espírito do cristianismo, como do bramanismo e do budismo, consiste em reconhecer o nada dos bens terrenos, em desprezar e voltar seus olhares para uma outra existência, que é completamente oposta àquela daqui: eis pois, digo, o espírito e o alvo do cristianismo [...][24].

A filosofia hegeliana seria atravessada pelo cristianismo, pois iria para além dos limites possíveis do conhecimento ao postular o Saber Absoluto. Esqueceria que as representações passíveis de cognição desvinculam-se da realidade das coisas, que o conhecimento tem apenas como conteúdo sua própria atividade. Se para a filosofia tradicional a separação entre pensamento e conhecimento resolve-se na posse da verdade, ago-

---

[24] Cf. Schopenhauer, A. Complemento ao terceiro livro. In: *Le monde comme volonté et représentation*. Trad. de J. A. Cantacuzène. Paris/Bucareste: Librairie Académique Didier/Librairie Sotschek, s/d., p. 671.

ra a recuperação do "universo" abolido é impossível. O entendimento não pode concluir da representação a realidade do objeto, da essência a existência, da idéia o ser. Hegel, no entanto, tentou com sua teoria da História sobrepor-se ao ponto de vista kantiano do entendimento, propondo-se a devolver à razão a capacidade não só de pensar os objetos como reais, mas também de conhecê-los em sua realidade.

Recusando as posições de Kant, que teria levado a cabo uma crítica do conhecimento que só estabelece limites, Hegel tinha o intento de conduzir a filosofia transcendental para além do papel crítico, até conclusões sistemáticas. Quando aspirava à configuração de um sistema da razão como Saber Absoluto, capaz de recuperar a realidade, perdida pelo entendimento, ao integrar os objetos do conhecimento na totalidade de onde se realiza a coincidência efetiva do sujeito e do objeto, Hegel estava longe de aceitar que a razão cumpria apenas um papel instrumental. Esse saber absoluto capaz de superar a incognoscibilidade kantiana da coisa-em-si só seria possível com base na concepção da totalidade do real como autoconsciência (*Selbstbewusstsein*), reintegração do que é em si mesmo como realidade que ela mesma tem como extensão[25].

Nietzsche está assim na trilha de Schopenhauer, para quem o hegelianismo é "um grosseiro e banal realismo que toma o fenômeno do mundo pela coisa-em-si e supõe que se trata antes de tudo de personagens e acontecimentos"[26]. Não só, é o culto do fato bruto, de um saber histórico que deixa o

---

[25] Vale notar que, se Schopenhauer tem apreço pela Estética Transcendental, Hegel, por sua vez, prefere a Dialética Transcendental, haja vista o tratamento que confere às provas da teologia racional com a retomada do argumento ontológico.

[26] Cf. Schopenhauer, A. Complemento do terceiro livro. In: *Le monde comme volonté et comme représentation*, op. cit., p. 670.

homem sem fundamento, sem a crença no eterno e permanente ao postular um vir-a-ser soberano. Não é por acaso que em *O mundo como vontade e representação* Schopenhauer aconselhe Hegel a ler Platão, para desvencilhar-se desse "banal realismo", desse "idealismo". Nietzsche, no entanto, não acompanha seu mestre nesse ponto. Ainda fortemente sob o impacto do romantismo, ele prefere ver uma saída por meio da arte. Nem por isso abandona a inspiração kantiana que orienta as críticas de Schopenhauer. Tanto é que na *Terceira consideração extemporânea, Schopenhauer como educador* lamenta que a filosofia crítica não tenha exercido o "desespero da verdade" sobre um número maior de espíritos, que não tenha levado a um niilismo, mesmo que incipiente, quando depara com uma "verdade" regida apenas pelo fenômeno. Lamenta ainda que, por essas razões, não se dê um passo além, o de tomar consciência de que os limites que a coisa-em-si impõe à razão, ao situar as ciências no registro apenas da aparência, abrem a possibilidade de uma cultura trágica[27].

No entanto, Nietzsche, no prólogo a *Aurora*, afasta-se radicalmente de Kant. E isto porque percebe que tanto Kant como Hegel fazem parte de um mesmo movimento, apenas com sinais trocados – algo que seu mestre não havia percebido. De um lado (Kant), o saber é limitado em nome de uma razão prática; de outro (Hegel), a História tem o vir-a-ser como sua Verdade. A crítica a Hegel por ter violado a coisa-

---

[27] Cf. *O nascimento da tragédia* § 19: "Recordemos então como, graças a Kant e a Schopenhauer, o espírito da *filosofia alemã* se viu em condições de liquidar o prazer satisfeito consigo mesmo do socratismo científico, demonstrando quais são seus limites – e como essa demonstração suscitou uma concepção incomparavelmente mais séria e profunda dos problemas éticos e da arte, a qual podemos definir, sem sombra de dúvida, como a sabedoria dionisíaca posta em conceitos".

em-si, ao tentar dar a ela inteligibilidade, girava em torno do mesmo ponto: do saber (saber crítico *versus* saber absoluto). Em suma, o saber permanecia intacto nesta querela.

> Kant: um império de valores morais, de nós arredados, invisíveis, efetivos – Hegel: uma evolução demonstrável, o império moral tornando-se visível. Não queremos ser enganados nem da maneira kantiana nem da hegeliana – não acreditamos, como eles, *na moral, e por isso não precisamos mais fundar uma filosofia a fim de conservar os direitos da moral* [grifo nosso]. Não é por esse aspecto que o criticismo e o historicismo ainda nos atraem. E portanto será que eles ainda nos atraem? (fragmento póstumo 2 [195], do outono de 1885/outono de 1887).

De um lado, o Absoluto é posto como invisível (a coisa-em-si); de outro, como visível (a História). Tal movimento nos permite ver como ambos os saberes (crítico e absoluto) sempre estiveram de mãos dadas. Mas o que está por trás desse Absoluto?

Na *Segunda consideração extemporânea*, ainda sob o impacto das posições schopenhauerianas, ao atacar a História hegeliana, Nietzsche assume outros pontos de partida. É curioso vermos que a imagem que ele tem de Hegel não é utilizada para a crítica ao historicismo.

Schopenhauer considera que a História é a completa divinização do contingente, a sacralização do efêmero. Não compreende que a constituição do Espírito é feita a partir do movimento das mudanças. A História do mundo não é uma investigação do passado, mas apenas um discurso da supressão do que veio a ser na atualidade, resultando não num progresso, mas numa clarificação.

Não mais acreditará, como a maioria das pessoas, que o tempo cria algo efetivamente novo e significativo; que, através do tempo, ou nele, algo absolutamente real alcança a existência, ou que ele e seu conteúdo, a história universal como um todo, tenham princípio e fim, plano e desenvolvimento, cujo fim último seria o aperfeiçoamento supremo [...][28].

Nada mais equivocado para Nietzsche. A História do mundo não é algo que vem a constituir-se enquanto somatória de acontecimentos, divinizando o que muda, o efêmero; tampouco é a totalização do Espírito que eterniza os acontecimentos. Schopenhauer confundira aqui *Geschichte* e *Historie*. O vindo-a-ser dos acontecimentos está sob o guarda-chuva do Conceito, e não o contrário (nada culmina no Absoluto, como Schopenhauer afirma), não podendo assim ser divinizado, visto que seria aceitar a existência de um Absoluto fora do tempo. É esse erro que Nietzsche não comete na *Segunda consideração extemporânea*, tanto que pode, naquele momento, interpretar Hegel como Schopenhauer, sem seguir seu mestre na crítica ao "historicismo" hegeliano.

Nietzsche muda de foco as observações sobre o vir-a-ser: o ponto passa a ser a "totalização" que o Espírito realiza. Não cabe mais indagar pelo caráter daquilo que muda, sem antes investigar aquilo que totaliza, que, por já ser total (Absoluto), só teria de ter seu percurso revelado. A compreensão de Schopenhauer é aqui posta de ponta-cabeça. São os acontecimentos do mundo que estão sob o guarda-chuva do Absoluto. Nietzsche pode então perceber que a *Geschichte*, ao dissolver o que veio a ser, anula o passado.

---

[28] Schopenhauer, A. *O mundo como vontade e representação*. Trad. de Jair Barboza. São Paulo: Editora da UNESP, 2005, p. 251.

Em suma, Nietzsche discorda de Schopenhauer, que considera Hegel um apologeta do vir-a-ser[29]. A História do mundo, como quer Hegel, é a dissolução do que veio a ser, ou melhor, pondo nos devidos termos, diria Nietzsche, é o repúdio do que veio a ser, já que ela dissolve-se no presente. Fácil foi para Schopenhauer criticar a História do mundo, entendida erroneamente, como *Historie*. Hegel não está interessado no que muda, não sacraliza o efêmero, pois para ele "a História nada tem a fazer *com o que muda*, ela lida com o que está atualmente vivo"[30]. Ele interessa-se sim pelo desaparecimento do que muda, pois, por meio dessa negatividade, o passado pode dissolver-se no presente[31]. A imagem que formam dos acontecimentos serve apenas para a rememoração de supostos fatos; ela cristaliza o que já veio a ser de modo que não tenha mais nenhuma ligação com o que está vindo a ser. O passado deve ser constituinte do presente, ou seja, o presente só é presente porque foi formado pelo passado. Estando o passado no presente, de pouca importância são as rememorações – o passado é presente, e, portanto, não precisa ser lembrado. Em suma, há para Nietzsche uma grande diferença entre *Historie* e *Geschichte*, que Schopenhauer não havia visto[32].

---

[29] Cf. Schopenhauer, A., *op. cit.*, p. 671.

[30] Lebrun, G. *O avesso da dialética. Hegel à luz de Nietzsche*, Trad. de Renato Janine Ribeiro. São Paulo: Companhia das Letras, 1988, p. 49. Como fica evidente, temos acompanhado amplamente os comentários de Lebrun.

[31] Cf. *id., ibid.*, p. 47.

[32] A esse respeito, uma observação de Lebrun: "É a Kant, e não a Hegel, que remonta a oposição entre *Historie*, disciplina do entendimento, e a *Weltgeschichte*, discurso sobre o sentido necessário da História. É Kant, antes de Hegel, quem exclama: como é que a razão, presente na cena

Assim, no ver de Nietzsche, ambas, História do mundo e História, enquanto instrumentos do saber, convergem. O problema da *Historie* não é reduzir os sentidos a acontecimentos, como Hegel denunciava, mas é apresentar o passado como algo que não existe mais. O problema da História do Mundo é similar, ou melhor, ela radicaliza apenas o problema da *Historie*: em vez de colocar o passado como irremediavelmente afastado, anula-o, pois o vindo-a-ser deve ser dissolvido.

Saber crítico *versus* saber absoluto: não apenas o saber crítico menospreza o mundo ao apresentar sua válvula de escape para o inteligível, mas também o saber absoluto nega o mundo ao dissolver o que está vindo a ser.

Agora, um novo ataque a Hegel pode ser desferido. Ao criticar a *Geschichte* e a *Historie* com um mesmo argumento, conforme vimos, Nietzsche percebe que aquilo que a historiografia nos permite – por meio de um somatório de acontecimentos, num golpe de vista, abarcar todo um processo – não está longe daquilo que a História do Mundo realiza – o recolhimento do conteúdo no momento mesmo em que a história chega ao fim. Pois bem, é aqui que o filósofo inova ao lançar uma suspeita sobre esse crepúsculo eterno[33].

---

da natureza, poderia estar ausente da gesta da humanidade? Que o gênero humano esteja 'progredindo para o que é melhor do ponto de vista do fim moral do seu ser' constitui uma hipótese muito razoável: 'não necessito prová-lo; isso incumbe ao adversário" (Lebrun, Gérard. "Uma escatologia para a moral". Trad. de Renato Janine Ribeiro. In: *Manuscrito*, v. 2, nº 2, 1979. Campinas: Centro de Lógica, Epistemologia e História da Ciência da Unicamp, p. 43). Vale notar que Lebrun, nesse texto, põe a Filosofia da História como complemento da análise da moralidade em Kant, para daí retirar conclusões que, como veremos, não diferem em nada das de Nietzsche sobre Kant e Hegel.

[33] Tragamos um outro crítico, Engels, para fazer coro a Nietzsche: "o que é efêmero em todos os filósofos, e o é justamente porque brota de uma

E o que alavanca essa necessidade de "olhar para trás, totalizar, concluir, procurar uma consolação no passado por meio da recordação"? (*Segunda consideração extemporânea* § 8). A resposta não deixa de ser surpreendente: a História do Mundo não seria nada mais que a transposição moderna do Juízo Final.

> [...] uma religião que só a contragosto admite que o vindo a ser se imponha a ela, para repudiá-la ou sacrificá-la a todo tempo, que nele só enxerga a sedução da existência, uma mentira sobre o valor da existência [...] [O cristianismo] repudia com um dar de ombros tudo o que está vindo a ser e difunde por toda parte a sensação de que tudo acontece tarde demais, de que somos epígonos, em suma – de que nascemos todos já de cabelos grisalhos (*Terceira consideração extemporânea* § 6).

Nietzsche assim considera que o Espírito Absoluto faria agora as vezes de Deus, mas de um Deus demonstrável, completamente passível de conhecimento. Um passo atrás de Kant? No ver de Nietzsche, sem sombra de dúvida. O Espírito Absoluto, que é a totalidade dos seres, consuma-se em Deus. E a história é esse processo em que o Espírito Absoluto atinge seu objetivo ao tomar consciência de si. Em Kant, a distinção entre númeno e fenômeno faz com que Deus rea-

---

perene necessidade do espírito humano: a necessidade de superar todas as contradições. Superadas, porém, essas contradições de uma vez para sempre, teremos chegado à chamada verdade absoluta: a história universal está terminada, e, não obstante, deve continuar existindo, embora nada mais tenha a fazer [...]" (Engels, F. "Ludwig Feuerbach e o fim da filosofia clássica alemã". In: *Texto* (1). São Paulo: Edições Sociais, 1975, p. 85).

pareça sub-repticiamente na *Crítica da razão prática*, mas nos moldes platônicos, isto é, como um ser à parte deste mundo no qual nos encontramos (que nem sequer era considerado como estando a vir-a-ser); em Hegel, pelo contrário, Deus tornou-se um ser imanente a este mundo (agora sim visto em movimento). No entanto, considera Nietzsche, Hegel pouco se diferencia de Kant ou de Platão, malgrado o fato de que o ser balizador do mundo não se encontra mais fora dele, e sim nele próprio. Se havia uma desvalorização do mundo, ela continuou a existir.

Para Hegel, apenas no fim do itinerário do Espírito, da odisséia da consciência, cujos avatares ele narra na *Fenomenologia do espírito*, o saber absoluto, a verdade, é possível. E a perfeita autoconsciência do absoluto é esse resultado cuja *necessidade* deve ser expressa na unidade do sistema. O argumento de Nietzsche (de lavra kantiana) contra o plano de Hegel é este: o conceito hegeliano de totalidade, no qual se expressaria a identidade do pensamento e do ser, ao mesmo tempo em que a diversidade se organizaria em sistema, nada mais é que uma recaída no argumento ontológico rebatido por Kant. Para superar o criticismo, Hegel tem de compreender a atividade de cognição em referência a um nível ontológico que não é o da simples abstração, mas o de um pensamento absoluto em que o ser se atualiza plenamente. Aquela identificação entre pensamento e ser enquanto absoluto, que a metafísica neoplatônica situava na origem radical, como primeira emanação do Uno transcendente, é posta agora como conclusão de um processo histórico, mas cuja necessidade resulta das exigências abstratas da lógica. O progresso do espírito que se efetua por meio de uma sucessão de momentos nada mais é do que uma sucessão de abstrações. Assim, Nietzsche assinala, no hegelianismo e em seu novo modo de postular a unidade de pensamento e ser, o vício característico do racionalismo metafísico: acredita que os princípios lógicos concernem à realidade do ser e que, portanto, representam imperativos incondicionais para a consecução da verdade. Em que se baseia esta crença? Os princípios lógicos, até mesmo o princípio dialético do vir-a-ser de Hegel, expressam a realidade, ou são tão-somente meios de fixar e dominar um mundo com fins práticos?

Desse modo, o impressionante esforço empreendido por Hegel para recuperar o mundo, inacessível do ponto de vista do entendimento em Kant, não atinge seu objetivo central. A dialética não logra o saber absoluto, nem responde a uma lei ontológica como fundamento da verdade. Para Nietzsche, o sentido crítico não pode tolerar a elevação a leis necessárias, mas somente a frágeis postulados. Por conseguinte, a exigência de absoluto que nosso pensamento expressa não traduz uma efetiva necessidade do espírito infinito; não seria – perguntemos – assim uma simples tendência de nossa subjetividade? Não resultam os objetos do conhecimento meras criações mentais, como nos havia advertido Kant?

Pois bem, Hegel, ao ver de Schopenhauer, é um dos "fanfarrões" (nos termos de Lebrun) que querem pôr abaixo o interdito kantiano e revelar a coisa-em-si. Na citação do fragmento póstumo que trouxemos acima, é exatamente essa posição que Nietzsche advoga. A História que Hegel concebe é a peça essencial para fornecer inteligibilidade às coisas. Assim, Nietzsche critica Hegel, assim como faz Schopenhauer, utilizando-se do pensamento kantiano, sem, no entanto, poupar Kant[34].

---

[34] É de interesse notar que se a *Teodicéia* de Leibniz pode ser rapidamente ligada à metafísica, bastando para tanto que se observem seus intentos, a nova teodicéia, a Filosofia da História, também deverá ter o mesmo

Desse ponto de vista, a História do Mundo não seria nada mais que uma "teologia camuflada". E Hegel – para dizer o mínimo – nada mais que um teólogo que tentou superar a "crise de Kant" e o niilismo dela decorrente[35].

---

fim, isto é, deverá ser mais uma elucubração metafísica, mas por razões outras. Em Hegel não há um processo programado que se desdobra a partir de uma noção completa já formada; não há, portanto, um intelecto divino, dotado de poderes, que engendrou os acontecimentos, mas apenas o comentário da Revelação do processo. Nele, a História do Mundo não será mais uma prova da existência de Deus, mas apenas a Revelação Dele. Os "decretos da sabedoria divina" em Leibniz, o próprio Hegel já havia identificado (Cf. Lebrun, Gérard. *O avesso da dialética – Hegel à luz de Nietzsche, op. cit.*, p. 37). E disto Nietzsche bem sabia, desde o primeiro momento em que entrou em contato com a polêmica anti-hegeliana por meio de Schopenhauer (diametralmente oposta à posição de Lebrun é a advogada por Paulo Arantes a respeito da Filosofia da História. Cf. "Nota sobre a Crítica da Filosofia da História". In: *Ressentimento da dialética*. São Paulo: Paz e Terra, 1996, p. 371-86).

[35] E quanto a este ponto, Schopenhauer também estaria sob o ataque de Nietzsche, pois não deixaria de ser um bom cristão, malgrado ter conseguido desvencilhar-se das malhas da teleologia (cf. *Crepúsculo dos ídolos*, Incursões de um extemporâneo, § 21). As diferenças começam a surgir, distanciando os dois pensadores, quando o primeiro deles atenta para os perigos que uma pesquisa teórica pode trazer para a religião e o segundo constata que o projeto moral determina o teórico. Noutros termos, para um, o projeto crítico independe do moral, enquanto para o outro existe uma forte dependência entre eles. Schopenhauer considera que com o ateísmo seria possível refundar a moral sem nenhum traço religioso. Visto da perspectiva do ideal ascético, Nietzsche vê o ateísmo como o último resíduo da moral cristã. Se para um o niilismo estaria no campo da epistemologia, para outro se situaria alhures.

3. A face oculta da "crise de Kant"

Lembremos – não sem segundas intenções – que tanto os homens do povo como os letrados tinham aversão ao trabalho. A labuta era coisa de burguês que queria atingir um patamar superior na escala social, e, por isso, empenhava-se para ser bem-sucedido no moderno sistema produtor de mercadorias que começava a esboçar-se na Alemanha. Os letrados tinham sua atividade intelectual encerrada nos limites de seus escritórios, sem um contato mais efetivo com seu entorno. Por isso, dos românticos aos realistas, passando pelos clássicos, um certo sintoma do vazio se fará sentir por conta da "fenda enorme" que separará o homem (do povo ou o letrado) das rédeas de seu destino[36]. O homem do povo ficará relegado à sua sorte; os intelectuais, por sua vez, farão um eterno giro em falso, pois irão encontrar uma saída que só aumentará a sensação de vazio.

Nietzsche não será exceção; e nem poderia. Tanto que seu olhar sobre o mundo estará sempre restrito à perspectiva do meio acadêmico. E o que é a universidade para Nietzsche? Talvez *O conflito das faculdades* forneça-nos indicações[37]. Neste texto, Kant procura encontrar meios para unificar a razão e o Estado, o saber e o poder. Afirma que a comunidade científica seria responsável tanto pelas ciências como pelo Estado. Tal comunidade pode agir na universidade, que, embora dependa do governo para funcionar, deve ser livre e dotada de autonomia no que tange aos saberes. Pode ainda

---

[36] Cf. Rosenfeld, Anatol. *História da literatura e do teatro alemães*. São Paulo: Perspectiva, 1993, p. 97.
[37] Kant, I. *O conflito das faculdades*. Trad. de Artur Morão. Lisboa: Edições 70, 1993.

atuar em sociedades científicas, que, à diferença das universidades, não são mantidas pelo poder público. Dessa comunidade fazem parte também os letrados que exercem cargos na administração pública e que, por conta de sua função, pressionavam por uma intervenção do governo na produção das faculdades. Se as faculdades superiores (Teologia, Direito e Medicina) poderiam vir a sofrer ingerências governamentais, a faculdade inferior (a de Filosofia) deveria ficar livre de qualquer interferência como meio de preservar seu caráter especulativo[38].

Embora o *Conflito das faculdades* seja o discurso pré-inaugural da universidade moderna, a universidade de que Kant trata não é a mesma que Nietzsche encontra em sua época – uma instituição que não mais possui profundas raízes medievais. Do *Conflito* permanecem, entretanto, dois pontos extremamente importantes: o de que os conhecimentos deveriam ter a universidade como berço e o de que sempre deveria haver uma articulação entre universidade e sociedade. E é acerca deste último ponto, principalmente, que reencontramos Nietzsche, para quem deveria haver uma estreita ligação entre o espírito alemão e a universidade, pois ambos se refletem e se projetam[39].

---

[38] Tragamos uma arguta observação de Derrida. Para o pensador francês, esse conflito que há entre as faculdades tem como procedência o fato de que a universidade foi fundada por um ato político, e não por um ato acadêmico. Esse conflito estaria na base daquele que Kant aborda (cf. Derrida, J. "Mochlos, or the Conflit of the Faculties". In: *Logomachia: The Conflict of the Faculties*. Lincoln (Neb)/London: University of Nebraska Press, p. 1-34).

[39] Visão esta que permaneceu até Heidegger. Basta lembrarmos seu discurso "A auto-afirmação da universidade alemã", proferido quando assumiu o cargo de reitor na Universidade de Friburgo em 1933. Os jo-

Retomemos então a pergunta acima: o que é a universidade para Nietzsche? Levando em conta seu diálogo com Goethe, Wilhelm von Humboldt fundou a Universidade de Berlim em 1810, tendo por base princípios humanistas[40]. Acreditava num ensino aliado à pesquisa, que ultrapassasse o mero ensino profissionalizante – próprio da Universidade de Halle – e tivesse como centro a formação integral de homens autônomos. Tal concepção, baseada numa linha filosófica determinada – aquela que separou conhecimento de pensamento –, visava a articular, nada menos, pensamento e ação.

---

vens deveriam entender que a Alemanha tem um destino e uma missão espiritual histórica. E nisso a universidade teria um papel fundamental, pois seria portadora da essência do povo alemão. Partindo da descoberta da essência do corpo docente e discente, a universidade deveria, por meio das ciências, formar guias para o povo alemão, cujo alvo era o poder. O traço fundamental da concepção de identidade entre a universidade e a totalidade do povo é greco-germânico. Caberia ao estudante ligar plenamente o trabalho e o saber, ou melhor, o serviço do trabalho, o serviço militar e o serviço do saber (Heidegger, M. *Basic Writings*. Ed. de David Farrell Krell. Londres: Routledge, 2002, p. 130 e segs.). Sem grandes variações, o olhar de Heidegger é o mesmo de Nietzsche. A diferença está na busca por uma totalidade (trabalho/saber) que explicitamente apenas o filósofo da Floresta Negra intenta. Para trazer dois outros casos de anacronismo, lembremos que Karl Jaspers, também em pleno século XX, em sua *A idéia da universidade*, retoma pontos do ideário de Humboldt e de Husserl, que, com *A crise da humanidade européia e a filosofia*, propunha um retorno à *Bildung* como forma de erradicar um dos maiores horrores do século XX (trad. de Urbano Ziles. Porto Alegre: Edipucrs, 1996).

[40] Não nos esqueçamos de que durante o século XVIII já havia vicejado na Universidade de Göttingen, fundada em 1734, no bojo das reformas educacionais, o ideal de educação "plena e harmoniosa do indivíduo integral" (cf. Ringer, Fritz. *O declínio dos mandarins alemães – A comunidade acadêmica alemã, 1890-1933*. São Paulo: Edusp, 2000, p. 33).

Ou seja, a filosofia não era apenas uma disciplina da universidade, mas um saber que a moldava por dentro, possibilitando uma formação cultural plena do indivíduo[41]. Em suma, não se tratava para ele da formação de um homem universal ou do cultivo da instrução geral, mas de incentivar o cultivo do espírito e o aguçamento dos sentidos; a instrução teria uma importância relativa. Longe estava dos intentos do Iluminismo, pois não buscava educar, fazer conhecer, esclarecer, mas simplesmente permitir um livre desenvolvimento espiritual, distante dos constrangimentos e interditos da cultura/civilização. E é dessa maneira que Nietzsche compreende a universidade.

No decorrer do século XIX, esse modelo de universidade entra numa rota descendente, pois as exigências do Estado para a formação de quadros técnicos só faziam aumentar – exigências, lembremos, dos novos tempos de desenvolvimento econômico. Tal decadência nada mais é que o reflexo da sociedade alemã, ou, melhor dizendo, e aqui a situação é dramática para Nietzsche, do espírito alemão. Não é por outro motivo que o filósofo vai voltar-se, com máxima virulência, contra a subordinação do ensino aos ditames dos governos. Nem que vai acusar Kant por ter permanecido na universidade e ter se submetido ao Estado. Quando afirma que ele teria permanecido "atrelado à Universidade" e se submetido aos governantes, pretende dizer com isso que Kant manteve-se nos limites do conflito das faculdades. Por isso

---

[41] Cf. Humboldt, W. von. "Sur l'organization interne et externe des établissements scientifiques supérieurs à Berlin (1809-1812)". In: Renaut, A. *et al.* (orgs.). *Philosophie de l'université. L'idéalisme allemand et la question de l'université.* Trad. de G. Goffin *et al.*. Paris: Payot, 1979, p. 319-29.

zomba daqueles que, em nome da "verdade", da "ciência pura" – como Kant –, acabam por assegurar ao Estado a máxima tranqüilidade em seus negócios[42]. Afinal, ao separar conhecimento de pensamento, Kant destinou à filosofia o papel de atribuir sentido às produções universitárias (isto dito na esteira da interpretação que H. Arendt faz de Kant). Tornou assim a filosofia uma mera disciplina, que não atrapalharia o Estado[43].

---

[42] Falando a partir da universidade, Nietzsche pode criticar a ciência histórica, esse saber acadêmico inquestionável, que impediu a Alemanha de ter uma cultura nacional. A cultura tornou-se objeto de erudição, esterilizando-se. Afastou dela, por conseguinte, o homem de ação; mais ainda, tirou a ação do homem de ação. Não por acaso Nietzsche trata da ciência histórica em sua *Segunda consideração extemporânea*, após abordar o estado decadencial da cultura alemã na figura de David Strauss na *Primeira consideração extemporânea*. Karl Schlechta comenta as ponderações críticas que Hillebrand faz à *Segunda consideração* num artigo intitulado "Sobre a ciência e o sentido histórico". Como argumento central, afirma que Nietzsche fala como representante de classe, a favor dum determinado segmento; que ele vê a Alemanha como uma grande universidade e o povo alemão como professores de história e filologia; que ignora o fato de que a maioria do povo não é historiadora ou filóloga. Dessa perspectiva, Nietzsche teria uma visão muito estreita da sociedade. Para chegar a essas conclusões, Hillebrand analisa a situação alemã de 1866 a 1870, assim como o *status* das ciências do espírito e de seus representantes (cf. Schlechta, Karl. *Le cas Nietzsche*. Trad. de André Coeuroy. Paris: Tel/Gallimard, 1997, p. 55). Isso vem corroborar o que dissemos acima acerca da estreita ligação entre o espírito alemão e a universidade.

[43] Cf. *Terceira consideração extemporânea* § 3: "Kant permaneceu atrelado à Universidade, submeteu-se aos governantes, salvou as aparências de uma fé religiosa, suportou viver entre colegas e estudantes: é, portanto, natural que seu exemplo tenha produzido sobretudo professores de filosofia e uma filosofia de professores".

Nietzsche assim descreve uma situação desoladora, na qual estava inserido. O meio acadêmico, ele não tardou em abandonar (maio de 1879). Por razões de saúde, mas não só. Amparado por uma modesta aposentadoria, pôde dedicar-se ao trabalho filosófico, então impossível na academia. Aliás, como dirá numa de suas obras, de que maneira pensar em hora e lugares previamente definidos? Afinal, um pensamento vem quando ele quer, e não quando "eu" quero. Dessa perspectiva, o ócio filosófico seria indispensável. Com a aposentadoria, o filósofo teria, então, conseguido atingir um ideal de vida? Não. Mas por quê? Porque... Deixemos a resposta para mais adiante.

Tragamos antes um texto de Schiller, "O que é e por que se estuda a história universal [*Universalgeschichte*]?"[44], em que duas figuras são apresentadas como opostas: o *Brotgelehrte* (intelectual ou especialista que se põe a serviço do Estado ou do mercado) e o espírito filosófico. A primeira figura, *grosso modo*, se esmeraria em fazer de seu saber algo à parte do todo, sem comunicação ou correspondência com o mundo a seu redor. A segunda figura, o espírito filosófico, agiria de uma forma diametralmente oposta. Sem dispensar o rigor em seu trabalho, manteria seu saber em conexão com o todo, enlaçaria seu saber e o lugar e o momento em que ele é produzido, em toda a sua dimensão, espacial e temporal; ao invés de produzir uma separação, caminharia em direção à unidade. Noutros termos, e já tirando algumas conseqüências, o *Brotgelehrte*, por ter sua atividade desencarnada, pairando acima de tudo, pode se pôr a serviço do Estado ou do mercado e a eles atender sem sentir qualquer traição a seu próprio es-

---

[44] Cf.*¿O que es y porque estudase la historia universal?* Cidade do México: Universidad de México, 1956.

pírito; pode ainda ter como mera preocupação seu salário mensal. O espírito filosófico, por sua vez, tem de manter-se conectado consigo e com seu entorno para simplesmente poder sobreviver; não tem como submeter-se a exigências exteriores sem estabelecer um vínculo com sua interioridade (sem jamais, claro, submeter-se ao Estado ou ao mercado).

E é do *Brotgelehrte* que Nietzsche se afasta; é dum meio em que a vida do espírito estava a serviço de um *métier*, em que as idéias teriam menos valor que o reconhecimento público, que se aparta[45]. É bem provável que as palavras de

---

[45] O que Nietzsche rechaça aqui é o reconhecimento pelo reconhecimento (cf. *Terceira consideração extemporânea* § 3). Não que o reconhecimento público não fosse essencial – era, ainda mais para o segmento superior da sociedade. À parte isso, todo grande espírito precisa exteriorizar seu interior, caso contrário seu mundo interno explode – e com ele o pensador. O caso de Hölderlin e Kleist é exemplar; a solidão não foi por eles facilmente suportada. "Kleist morreu por causa desta ausência de amor, em virtude do mais terrível remédio que se pode aplicar aos homens excepcionais, ou seja, fazê-los recolherem-se tão profundamente a si mesmos; cada uma de suas fugidas para o mundo exterior tomaria a forma de uma erupção vulcânica" (*idem* § 3). Walter Bagehot, que Nietzsche cita, vai na mesma direção: "No início, características estranhas são destruídas, depois elas tornam-se melancólicas, e, em seguida, ficam doentes e finalmente morrem" (*idem* § 3). Num contraponto com a França, fica evidente o "suporte" material da solidão alemã. A esse respeito, diz Lucien Goldmann: "Na França, os escritores humanistas estavam organicamente ligados ao público e à nação inteira [...] Atrás de seus escritos estava toda a parte culta da nação, e eis por que seus ataques eram tão perigosos, suas sátiras tão mortais para quantos eram atingidos. [...] Na Alemanha, a situação é exatamente oposta. O grande atraso do desenvolvimento social e econômico e a ausência por mais de dois séculos de uma possante burguesia comercial e industrial impediram a eclosão de fortes correntes de pensamento humanista e racionalista; a Alemanha estava aberta, sobretudo, ao misticismo e aos transportes afetivos e intuitivos. Eis por que nesse país

Schopenhauer no *Mundo como vontade e representação*, em que a filosofia é tida como um simples "ganha-pão"[46], ou no texto sobre a "filosofia universitária", teriam legado a Nietzsche o horror pela filosofia acadêmica[47]. Não é à toa que ele afirma estimar "tanto mais um filósofo quanto mais ele está em condições de servir de exemplo". E o exemplo deve ser dado "pela vida real, e não unicamente pelos livros [...]

---

faltava aos escritores e pensadores humanistas e racionalistas todo contato verdadeiro com o público e a sociedade que os abrangia" (Goldmann, L. *op. cit.*, p. 33-4). Na mesma direção, no que tange ao seu projeto intitulado "Vontade de potência", Nietzsche escreve: "Um livro para *pensar*, nada mais: ele pertence àqueles para quem pensar é uma alegria, e nada mais. Que ele seja escrito em alemão, isso é pelo menos inatual: eu desejaria tê-lo escrito em francês, para que ele não apareça como reforço a não sei quais aspirações do *Reich* alemão" (fragmento póstumo 9 [188]). E, por fim, podemos dizer que não "é, pois, por desapontar-se com seus contemporâneos que Nietzsche surpreende-se com o descaso em relação a seus livros. Seria preciso converter-se num deles, tornar-se, por exemplo, um filisteu da cultura, para granjear fama. Tampouco é por desiludir-se com seus pares que se espanta com o não-entendimento de seus escritos. Seria preciso abrir mão de sua tarefa, missão e destino, para obter reconhecimento" (cf. Marton, Scarlett. "Silêncio, solidão". *Cadernos Nietzsche*, 9. São Paulo: GEN, p. 94-5).

[46] "Época nenhuma poderia ser mais desfavorável à filosofia do que naquela na qual é maltratada, de um lado, escandalosamente como instrumento de Estado, de outro, como meio de sobrevivência. Ou alguém acredita que, em meio a tal agitação e tumulto, a verdade, da qual ninguém se ocupa, virá a lume?". (cf. Schopenhauer, A. *O mundo como vontade e representação. op. cit.*, p. 29).

[47] "O que lhes interessa [aos professores universitários], ao contrário, são seus salários em luíses e seus títulos de conselheiros áulicos. Na verdade, a filosofia também lhes interessa, quer dizer, à medida que ela lhes dá o pão; é só nesta medida que a filosofia lhes interessa" (cf. *Sobre a filosofia universitária*. Trad. de Maria Lúcia Cacciola e Márcio Suzuki. São Paulo: Pólis, 1991, p. 89).

como ensinaram os filósofos da Grécia, pela expressão do rosto, pela vestimenta, pelo regime alimentar, pelos costumes, mais ainda do que pelas palavras e sobretudo mais do que pela escrita [...] Como estamos longe ainda, na Alemanha, desta corajosa visibilidade de uma vida filosófica" (*Terceira consideração extemporânea* § 3).

Schopenhauer seria um desses casos exemplares em que a vida intelectual caminharia a reboque da real, e não o inverso, para não falar da sua independência em relação ao Estado e à sociedade e de sua despreocupação com as "castas acadêmicas"; Kant seria o antiexemplo.

É nessa direção que em *Para além de bem e mal* Nietzsche estabelece diferenças entre os filósofos e os "trabalhadores filosóficos". Estes, "formados segundo o nobre modelo de Kant e Hegel", afirma, "têm de estabelecer e colocar em fórmulas, seja no reino do *lógico*, do *político* (moral) ou do *artístico*, algum vasto corpo de valorações – isto é, anteriores *determinações*, criações de valores, que se tornaram dominantes e por um tempo foram denominadas 'verdades'" (§ 211). Aqueles, a partir do trabalho prévio dos "trabalhadores filosóficos", podem criar novos valores. Kant seria um desses que prepararam o caminho ao analisar e questionar o já existente. "Qual a filosofia que dá a melhor definição do funcionário? A de Kant: 'o funcionário como coisa-em-si constituído juiz do funcionário como fenômeno'" (*Crepúsculo dos ídolos*, Incursões de um extemporâneo, § 29). Funcionário do saber, Kant não mereceria ser qualificado de filósofo; seria mais um erudito, um burocrata do conhecimento[48].

---

[48] Não é de outra maneira que Nietzsche refere-se a Kant no *Ecce Homo*: o filósofo seria um "terrível explosivo diante do qual tudo está em perigo". E prossegue logo adiante: "situo meu conceito de filósofo a mil

Como vemos, ao que tudo indica, as críticas à vida espiritual e à maneira pela qual ela insere-se na sociedade tem, desde Schiller, um extenso histórico, sem grande variação quanto ao essencial. É, pelo menos, o que Nietzsche quer que compreendamos:

> [...] cheguei a algo muito compreensível: explicar como podemos, por meio de Schiller, nos educar *contra* o nosso tempo, porque temos, graças a ele, a vantagem de *conhecer* verdadeiramente este tempo (*Terceira consideração extemporânea* § 4).

Equivoca-se, no entanto, quem pensa que o afastamento de Nietzsche do meio acadêmico foi a melhor, talvez a única, saída para que o trabalho intelectual pudesse fazer-se. E isto porque o entrave não é o meio acadêmico *stricto sensu*; a questão não é estar dentro ou fora da universidade. A questão é a própria atividade intelectual, isto é, o modo com que ela insere-se na sociedade moderna – como um *métier* qualquer, um trabalho especializado, entre vários, medianamente remunerado. Assim, na esteira do texto de Schiller, podemos afirmar que nada adiantou para Nietzsche aposentar-se, pois o problema é a burocratização da atividade intelectual que tem sua procedência na própria divisão do trabalho. Este é o ponto: quando Schiller examina a "civilização" moderna, nas *Cartas sobre a educação estética da humanidade*[49], tudo

---

léguas de um conceito que inclui até mesmo um Kant, para não falar dos 'ruminantes' universitários e outros professores de filosofia" (*Ecce Homo*, As extemporâneas, § 3).

[49] Schiller, F. *Cartas sobre a educação estética da humanidade*. Carta VI. Trad. de Roberto Schwarz. São Paulo. EPU, 1992, p. 49-58.

indica que há uma convergência na maneira pela qual o intelectual é formado e o surgimento do grande funcionário do Estado[50].

Em suma, todos possuíam uma vida intelectual extremamente ativa, mas que girava em torno dela mesma, que só tinha como objeto seu próprio conteúdo; uma vida intelectual cujo resultado era da mais absoluta nulidade, pois não resultava em nada. E isto porque a história da Alemanha é tal, que posicionamentos políticos não eram incorporados à atividade intelectual; qualquer intervenção no mundo por meio da atividade intelectual não teria lugar. Ser intelectual era ter um *métier* separado de todo o resto[51].

O contexto socio-econômico alemão afetava diretamente a universidade. Nesses novos tempos, a divisão do tra-

---

[50] No tocante a estas questões, não podemos nos esquecer de dois textos de Marx, a *Crítica do direito público hegeliano*, manuscrito de 1873, e a *Crítica da filosofia do direito* (Lisboa: Presença, s/d.), nem dum livro de Lukács, *História e consciência de classe* (trad. de Rodnei Nascimento. São Paulo: Martins Fontes, 2003), que, no século XX, continua a aprofundar essas questões. E das análises de Ringer sobre os mandarins alemães (*O declínio dos mandarins alemães – A comunidade acadêmica alemã, 1890-1933*. Trad. de Dinah de Abreu Azevedo. São Paulo: Edusp, 2000).

[51] É evidente que estamos forçando as tintas, generalizando excessivamente. Mas que os intelectuais alemães eram, *grosso modo*, apolíticos e marcados fortemente pelo idealismo, não podemos negar. Tanto que, nos diz Ringer, as "questões sociais e políticas tenderam a ser idealistas". Heinrich Rickert lembra ainda que o *Estado Comercial Fechado* de Fichte servia de modelo para a política "idealista" (cf. seu *Über idealistische Politik als Wissenschaft*, a que Ringer se refere). "Na tradição do Estado legal e cultural, esses objetivos teóricos eram formulados geralmente em termos morais e espirituais. A análise das realidades políticas foi negligenciada, e pouca atenção foi dada a questões de técnica política" (cf. Ringer, F., *op. cit.*, p. 123).

balho esfacelava o fazer e o agir, e, por conseguinte, os sujeitos, que não tinham mais uma direção ou um solo com base no qual pudessem posicionar-se. A derrocada da cultura alemã ocorreu devido a inúmeros fatores. Pelo menos é o que Nietzsche deixa entrever quando afirma que o "bom andamento da cultura/civilização" foi inibido graças à "filosofia alemã, às lutas pela liberdade" e "à fundação do reino final do século XIX". Os registros filosófico e político-ideológico teriam promovido as "grandes fatalidades da cultura/civilização" (cf. fragmento póstumo 22 [9], de setembro/outubro de 1888).

Praticamente solitário, Nietzsche envidava esforços no sentido de aliviar o mal-estar provocado pelas conquistas políticas da Alemanha, as mesmas que seus vizinhos, França e Inglaterra, implementaram um século antes. As promessas libertárias e igualitárias presentes na Revolução Inglesa de 1640 e na Revolução Francesa de 1789 ganharam corpo, possibilitando, na França, o advento da democracia moderna, além de fortalecer o Estado-nação. Foi, contudo, no entroncamento da racionalidade econômica inglesa com a sapiência política francesa que a via democrática para o capitalismo se fez possível nesses dois países[52].

Quando falamos do "atraso" alemão, temos como parâmetro os avanços franceses e ingleses no campo político e econômico. A Alemanha sai desse "atraso" em direção ao capitalismo trilhando vias diferentes da dos seus vizinhos. E, ao contrário deles, não capitaliza os resultados dos movimentos

---

[52] Cf. Lukács, G. *El asalto a la razón*. Trad. de Wenceslao Roges. México/Buenos Aires: Fondo de Cultura Económica, 1959, cap. I ("Acerca de algunas características del desarrollo histórico de Alemania"), p. 29 e segs. Seguiremos, em grande medida, a visão de Lukács do processo do desenvolvimento capitalista da Alemanha.

revolucionários, o que, no caso de França e Inglaterra, permitiu que se "civilizassem" mais rapidamente. Na França, a questão agrária é levada a termo com os devidos parcelamentos da terra. Já na Alemanha, onde o ranço feudal permanece muito forte, o capitalismo tem uma face mais autoritária[53].

Nessa empreitada, diante de um quadro de mudanças substanciais na sociedade, Nietzsche ficou ao lado daqueles que opunham a *Kulturnation* às *Staatsnationen*. Não havia como ignorar a situação imediatamente posta, o desenvolvimento econômico alemão, que levou à derrocada da cultura humanista (principalmente ao impor medidas restritivas aos estudos dos clássicos gregos e latinos) e à extinção de certos grupos tradicionais que não conseguiam resistir à modernização capitalista[54]. Um século antes, o nacionalismo que se esboçava era criação exclusiva dos *gebildeten Stände*. O laço político – e burguês – da idéia de nação passa a ser

---

[53] A unificação pelo alto que Bismarck levou a cabo é exemplar desse traço autoritário. Os ferozes ataques de Nietzsche ao ideário da Revolução Francesa não iriam nesta direção?

[54] Façamos um breve parêntese para lembrar que Heidegger, em pleno século XX, acreditava que o nacionalismo cultural, por meio do nacional-socialismo, salvaria a Alemanha, como deixa entrever no prefácio à sua *Introdução à metafísica*. Posição de um neófito? Duvidamos. E fechemos o parêntese. Heidegger, M. *Introdução à metafísica*. Trad. de Emmanuel Carneiro Leão. Rio de Janeiro: Tempo Brasileiro, 1966, p. 80 (Biblioteca Tempo Universitário).

Um outro traço que diferenciaria o desenvolvimento do capitalismo na Alemanha é a restrição que havia ao liberalismo. E isto graças à resistência das corporações alemãs, ou seja, à manutenção da tradição contra a modernidade que se estende pela segunda metade do século XIX. Nietzsche, e seus duros ataques ao liberalismo, não deixa de ser encontrado aqui. Sobre a resistência alemã ao liberalismo, ver Moore, Barrington. *A injustiça – As bases sociais da obediência e da revolta*. São Paulo: Brasiliense, 1987, p. 183.

definido em termos puramente culturais, consumando a identificação do conjunto do país com os ideais de aperfeiçoamento cultural máximo de seus mandarins. Esclareçamos, antes de qualquer coisa, com a ajuda de Ringer, o que entendemos por "mandarins":

> A palavra em si não é importante, embora pretenda evocar a elite tradicional dos funcionários letrados da China. Minha decisão de aplicar o termo à classe acadêmica alemã inspirou-se provavelmente no admirável retrato que Max Weber traçou dos literatos chineses. Para o cenário europeu, eu definiria "os mandarins" simplesmente como a elite social e cultural que deve seu *status* muito mais às qualificações educacionais do que à riqueza ou aos direitos hereditários. O grupo constitui-se de médicos, advogados, clérigos, funcionários do governo, professores de escolas secundárias e professores universitários, todos eles com diplomas de curso superior, concedidos com base na conclusão de um currículo mínimo e na aprovação num conjunto convencional de exames[55].

Notemos ainda que os mandarins aparecem num estágio em que o desenvolvimento econômico começa a ganhar fôlego, haja vista serem essenciais para a estrutura burocrática do Estado. Momento este em que o *status* social mais alto ainda não era atribuído à burguesia[56]. Por conta de seu atraso político, a Alemanha encontra uma saída para seu "atraso" econômico numa aliança entre a nobreza e a pequena bur-

---

[55] Cf. Ringer, Fritz K. *O declínio dos mandarins alemães – A comunidade a acadêmica alemã, 1890-1933, op. cit.*, p. 22.

[56] Cf. *id., ibid.*, p. 12.

guesia. E é a nobreza que ocupa inicialmente os mais altos postos da burocracia do Estado. Lembremos que o segmento alemão mais baixo, os camponeses, passou a ser fortemente reprimido após a derrota das guerras de 1830 e de 1848, deixando de ser, por conseguinte, um ator social ativo no desenvolvimento capitalista alemão. Não há como deixar de enquadrar Nietzsche nessa caracterização do tipo do mandarim.

Que houve vantagens e desvantagens trazidas pelo "atraso", é certo. Como fator positivo, determinado segmento da sociedade, do qual Nietzsche é caudatário, pode manter a cultura/formação. Aliás, a *Bildung* era a porta de entrada para a burocracia, principalmente na Prússia. Foi numa situação de "atraso" que os intelectuais puderam ter um alto reconhecimento da sociedade e, ao mesmo tempo, contrapor-se ao estrangeiro, afirmando as idiossincrasias alemãs.

O traço principal dessas especificidades é a famosa "interioridade" alemã, que se aprofunda com a inexistência de um mundo "exterior". Ela nutre-se do fato de que, com o apolitismo – para não falar em apatia – que reinava entre a parte culta alemã em relação aos assuntos de Estado, era muito mais vantajoso não entrar no moderno sistema produtor de mercadorias e, por conseguinte, como pressuposto disso, opor-se à unificação territorial alemã[57]. Os franceses e os in-

---

[57] Num texto – a que já nos referimos – em que Scarlett Marton analisa o papel da solidão e do silêncio em Nietzsche, vemos perfeitamente a importância dessa famosa "interioridade" alemã na constituição da obra do filósofo (cf. Marton, S. "Silêncio, solidão". In: *Cadernos Nietzsche*, 9. São Paulo, 2000, p. 79-105). Mesmo correndo o risco de cair num materialismo vulgar, é inevitável chamarmos a atenção aqui para o fato de que esse "interior" foi forjado a ferro e fogo pelas circunstâncias de ordem material da Alemanha. "A solidão é o tema fundamental que sempre aparece na biografia dos grandes humanistas alemães. O velho Leibniz, Lessing, Hölderlin, Kleist, Kant, Schopenhauer, Marx, Heine,

gleses, por sua vez, embora fossem considerados menos cultos pelos alemães, inferiores mesmo, provocavam um mal-estar não admitido simplesmente por terem avançado (como já dissemos) em termos civilizatórios. Nesta direção, é possível imaginar quanto ódio ou ressentimento os alemães nutriam por seus vizinhos.

Mesmo tardiamente, em 1871, quando a Alemanha começa a sair, a largos passos, de seu "atraso", graças à unificação territorial, esses sentimentos de rivalidade em relação a seus confrades mais desenvolvidos permanecem atuantes; aliás, acabaram por entrar século XX adentro – se pensarmos, por exemplo, em Thomas Mann[58]. Com nosso filósofo não fora diferente. Falando do alto da superioridade, de quem tem uma efetiva e profunda "vida interior", Nietzsche não deixou de marcar o caráter pouco profundo ou a superficial "interiorização" do espírito inglês:

> O que falta e sempre faltou à Inglaterra, sabia-o muito bem aquele semioticamente retórico, a insípida cabeça-tonta Carlyle, que procurou esconder sob care-

---

Nietzsche e tantos outros levantaram-se todos como solitários no meio da sociedade alemã, que não os compreendia e com a qual eles não conseguiam manter contato" (Goldmann, L. *Origem da dialética. A comunidade humana e o universo em Kant, op. cit.*, p. 34).

[58] Apolitismo, aversão à democracia, o "atraso" como o melhor que a Alemanha já produziu são alguns dos pontos que mostram algumas razões para que o mandarinato, mesmo sem nenhuma base material em que se assentar, tivesse vida longa. A esse título, podemos citar um texto de Thomas Mann escrito durante a Primeira Guerra Mundial, *Considérations d'un apolitique* (Paris: Grasset, 1975). É preciso ressaltar o fato de que o suposto nacionalismo retrógrado de Mann em suas *Considerações* pode ser lido como a procura por uma maneira de unir suas partes internas cindidas.

tas passionais o que sabia de si: o mesmo que faltava a Carlyle – autêntica *pujança* da espiritualidade, autêntica *profundidade* do olhar espiritual, ou, numa palavra, filosofia (*Para além de bem e mal* § 252).

Darwin, Stuart Mill e Spencer seriam exemplos de "espíritos medíocres" muito afeitos ao "gosto europeu", mas não ao gosto alemão (*idem* § 253). Foram os ingleses que fomentaram a mediocridade espiritual européia; são de sua lavra as "idéias modernas" (ou, noutros termos, as "idéias do século XVIII"), contra "o que o espírito alemão ergueu-se com profundo nojo" (*Para além de bem e mal* § 253)[59].

---

[59] Nietzsche, contudo, anota que a "profundidade" do espírito alemão de outrora não existe mais. "Houve um tempo em que se costumava distinguir os alemães como 'profundos'; agora, em que o tipo de maior êxito do novo germanismo quer distinções inteiramente outras, e talvez sinta a falta de 'arrojo' em tudo que é profundo, pode ser atual e patriótico perguntar se não havia ilusão naquele elogio: se a profundidade alemã não seria, no fundo, algo distinto e pior – algo de que, graças a Deus, estamos a ponto de nos livrar com sucesso" (*Para além de bem e mal* § 244). A profundidade tinha uma função na rivalidade alemã com a França. Na medida em que a Alemanha caminha na mesma direção dos ideários políticos e econômicos franceses, a profundidade se faz desnecessária.

Sobre as "idéias modernas", as observações de Paulo Arantes desta expressão podem ser esclarecedoras: "A expressão será freqüente na prosa filosófica alemã posterior", afirma Arantes ao tratar de um texto de Marx. E prossegue: "E sempre entre aspas, cujo emprego, de resto, simboliza com precisão o efeito redutor da idiossincrasia alemã – visto que o mérito de pôr entre parênteses o dogmatismo natural das idéias, as modernas de preferência, não reverte exclusivamente ao esforço crítico, mas antes ao anacronismo em que radica esta mesma idiossincrasia" (Arantes, P. *Ressentimento da dialética*. São Paulo: Paz e Terra, p. 370, nota 4). Esse esforço crítico, cujo ponto de partida é anacrô-

Não é possível deixar de ver essa interiorização como uma das formas pelas quais o niilismo expressa-se. Afirmação estupefaciente, sem dúvida. Escutemos Hauser, que aponta não só a "interioridade alemã" como forma compensatória para o não-agir do intelectual alemão, mas também o idealismo (modo pelo qual o niilismo está estreitamente ligado ao mal-estar provocado pelo "atraso"):

> A *intelligentsia*, composta de funcionários subalternos, mestres-escolas, poetas alheados do mundo, habitua-se a traçar uma linha divisória entre a vida privada e a política, e a renunciar sem mais a toda influência prática. Compensa tal estado de coisas aumentando o *próprio idealismo* [grifo nosso] e acentuando o desinteresse, abandonando as rédeas do Estado aos poderosos [...] [o intelectual burguês] retrai-se até um plano "genericamente humano", acima das classes e dos grupos, transforma em virtude sua carência de senso prático, e a chama de idealismo, interioridade, triunfo sobre os limites espaciais e temporais[60].

Tudo indica que há uma articulação entre o "atraso" e o idealismo. E este (nos termos postos por Kant e seus desdobramentos), como já apontamos, é a maneira pela qual o niilismo expressa-se modernamente. Assim, o niilismo não tem apenas esse traço epistemológico que indicamos; ele tem uma outra faceta, pouco conhecida, que recebe de Nietzsche

---

nico, poderíamos dizer, seria fruto do ressentimento dos que chegaram tarde ao desenvolvimento capitalista.

[60] Hauser, A. *História social da arte*, citado por Arantes, P. *Ressentimento da dialética, op. cit.*, p. 153.

um tratamento diferenciado. Comecemos por trazer um trecho de um dos mais importantes fragmentos póstumos sobre o niilismo, o *Lenzer Heide*.

> [...] Niilismo como sintoma da ausência de consolo para os fracassados: que eles destroem para serem destruídos, que eles, não têm mais motivo algum para "resignar-se", pois apartados da moral, – que eles colocam-se sobre o solo do princípio oposto, e, também de sua parte, *querem poder*, ao coagir os poderosos a serem verdugos. Esse é o modo europeu do budismo, o *fazer-não*, depois que toda a existência perdeu seu "sentido" (fragmento póstumo 5 [71], do verão de 1886-outono de 1887).

Ao que parece, essa perda de sentido que encontramos na modernidade, já presente em germe em Sócrates, por mais surpreendente que isso possa parecer[61], recebe a forma de um "cristianismo" laicizado (as "idéias modernas"). Nietzsche chega a essas conclusões por meio de uma análise – assentemos, impecável – pela via da crítica dos valores morais. O "atraso econômico alemão" – outro promotor do niilismo – também vai receber do filósofo uma avaliação moral.

---

[61] Não é possível compreender como se dá essa passagem sem analisar a vontade de verdade. A procura pela verdade metafísica acaba por implodir a própria noção de verdade. A investigação ininterrupta da verdade, pressionada por uma vontade constante, nunca se satisfaz com a veracidade encontrada – a vontade quer sempre a cada passo dado aproximar-se (ou conhecer) mais da verdade. A vontade de verdade acaba assim por mostrar o que está por trás deste desejo de conhecer – necessidades morais de conservação da vida (aqui poderíamos fazer um paralelo com a coisa-em-si). A este respeito, ver Onate, Alberto. "Vontade de verdade: Uma abordagem genealógica". In: *Cadernos Nietzsche*, 1. São Paulo: GEN, 1996, p. 7-32.

A crítica que Nietzsche faz pela via dos valores morais não deixa de acompanhar a sua "escolha" de um *status quo* reacionário, embora este estivesse periclitante depois da bancarrota de 1848. Com base nessa "escolha", é possível compreender, com maior precisão, por exemplo, a sua aversão à democracia. Um sistema democrático seria um risco descomunal para a cultura/formação. Ou mesmo compreender suas críticas ao liberalismo[62]. Argumentar que seria mais uma vitória da moral dos fracos sobre a dos fortes, como faz Nietzsche, é o mesmo que se manter, no que tange à questão do niilismo, num diagnóstico moral; é transformar as vítimas em ressentidos esperando por vingança – e tudo isto, digamos, por meio de um discurso que se situa como atemporal e, por conseguinte, desvinculado de seu entorno. Mas isto veremos com detalhes mais adiante.

Sem titubear, exponhamos o imbróglio no qual Nietzsche está inserido. O niilismo, como aqui já apontamos, está presente desde Kant e percorre todo o idealismo como uma faca cortante. Passa pelos românticos, que com mais de-

---

[62] Nietzsche não vacila em acusar a França de tender para a democracia. "De fato, é uma França imbecilizada e grosseira que hoje se move em primeiro plano" (*Para além de bem e mal* § 254). Mas era justamente com essa via democrática que a Alemanha flertava. Ao afirmar que "a visão de Kant já constituía em seu tempo [...] o mais representativo sistema filosófico da burguesia alemã", Lucien Goldmann lembra que a liberdade era o conceito fundamental para o desenvolvimento dessa burguesia (*Origem da dialética*, op. cit., p. 22). Noutros termos, a liberdade era condição *sine qua non* para que houvesse democracia, que, por sua vez, era requisito para o bom desenvolvimento do capitalismo (mesmo que de um capitalismo com fortes traços autoritários). Nietzsche, como sabemos, irá criticar o conceito de liberdade com máxima radicalidade, ao vinculá-lo ao cristianismo. Donde podemos supor que o alvo do filósofo não é outro senão a burguesia.

senvoltura tratam do tema. E aporta em Hegel – sob a nomenclatura mais ampla de "ceticismo".

Ousemos perguntar: não seria o famoso "atraso alemão" o promotor do niilismo? Ao invés de ser uma questão metafísica, o niilismo não expressaria simplesmente a tentativa alemã de promover a interiorização do espírito alemão como contraponto do radicalismo francês? Se assim for, a maneira que havia de ultrapassá-lo não seria a de procurar uma saída para o "atraso"?

O nó górdio da questão vai, no entanto, no sentido do que já sugerimos, ao considerarmos Nietzsche um mandarim, ou melhor, ao entendermos que assim ele se considerava. Como apostar na saída do "atraso" sem a perda de todos os "privilégios" de que o mandarinato dispunha? Como preservar o que lhe era mais caro, a *Bildung*?

Para o desconforto do filósofo, inevitável era o avanço do moderno sistema produtor de mercadorias – a "via prussiana" (expressão utilizada para referir-se ao processo alemão de transição para a modernidade) estava completamente aberta. E, então, o que fazer? E, já que aqui trouxemos o título do famoso livrinho de Lênin, tragamos também duas palavras suas sobre a Alemanha. "O destino, a tragédia do povo alemão, falando em termos gerais, consiste em haver chegado demasiado tarde ao processo de desenvolvimento da moderna burguesia"[63].

Não existia uma terceira alternativa: ou se mantinha o "atraso" (e em todas as suas dimensões), e com o custo que

---

[63] Lenin, V. *O programa agrário da Social Democracia na Primeira Revolução Russa de 1905-1907*. São Paulo: Editora Ciências Humanas, 1980, p. 101. Afirmação que não dista da de Marx, ou seja, a de que a Alemanha sempre chega *post festum* aos principais acontecimentos, sejam eles de ordem econômica ou social.

ele representava – o niilismo –, ou se buscava uma saída desse estado, mas arcando com a perda da *Bildung*. E esse impasse devia-se ao fato de que a "modernidade ilustrada gerava suas próprias patologias que não podiam ser erradicadas por providências de caráter tradicional, por panacéias conservadoras ou pré-modernas"[64]. Tal imbróglio reflete a ambigüidade da via prussiana que tem de conciliar a tradição (com raízes medievalistas no corpo burocrático do Estado) e a modernidade[65].

A ambição – e desafio – de Nietzsche será desfazer este nó górdio, mantendo a cultura/formação intacta e ao mesmo tempo ultrapassando o niilismo.

---

[64] Arantes, P. *Fio da meada*. São Paulo: Paz e Terra, 1996, p. 48.

[65] Esse impasse em que Nietzsche se encontrava está diretamente ligado à "dupla raiz social" de seu segmento de classe. Nas palavras de Mannheim: "a moderna burguesia teve, desde o princípio, uma dupla raiz social – por um lado, os donos do capital, por outro, aqueles indivíduos cujo único capital consistia em sua instrução. Era comum, por isso, falar-se na classe proprietária e [na classe] educada, sem que o elemento educado estivesse ideologicamente de acordo, é claro, com o elemento proprietário" (Mannheim, Karl. *Ideologia e utopia. Introdução à sociologia do conhecimento*. Trad. de Emilio Willems. Rio de Janeiro/Porto Alegre/São Paulo: Globo, 1954, p. 145). Como vemos, impasse que se origina na própria gênese da burguesia alemã.

Lembremos também que não foram poucos os autores críticos do progresso material. Um século antes, Rousseau e Smith apontaram para a situação social com que a França e a Inglaterra tiveram de se haver na medida em que se dava o avanço do progresso (cf. *Primeiro discurso sobre as ciências e as artes* e *A riqueza das nações*, respectivamente). Na Alemanha não ocorreu algo diferente. Tanto que o desenvolvimento industrial repentino, que levou à degradação dos costumes e ao colapso da tradição, é o tema dos romances *Christoph Pechlin*, de Wilhelm Raabe, *As pessoas de Seldwyla* e *Martin Salamander*, de Gottfried Keller.

TENTATIVAS DE SUPERAÇÃO

1. *Moral como saída para as dicotomias*

Sem sombra de dúvida, nessa "crise de Kant", Jacobi é uma das figuras centrais, pois foi quem formulou a questão em pauta; ainda mais, foi quem estabeleceu daí em diante o sentido da discussão, ao atentar para as conseqüências decorrentes da incerteza e da insegurança acarretadas pela inacessibilidade do objeto. Nietzsche, que foi afetado por essa "crise" por meio de seus poetas prediletos, Kleist e Hölderlin, terá uma posição inovadora. Irá deslocar a "crise" do registro da teoria do conhecimento para o âmbito moral, e, por extensão, o próprio niilismo dela decorrente.

É no contexto de uma obra de juventude, *O nascimento da tragédia*, que Nietzsche apresenta uma primeira tentativa de solução para a dificuldade em estabelecer um laço entre a coisa-em-si e a representação. Apesar do inegável "desespero" daí decorrente, o filósofo não economiza elogios às distinções kantianas e schopenhauerianas. Considera-as um ato de coragem diante do que há de mais próprio em "nossa cultura/civilização".

A enorme bravura de Kant e de Schopenhauer conquistou a vitória mais difícil, a vitória sobre o otimismo oculto na essência da lógica, que é, por sua vez, o substrato de nossa cultura/civilização. Se este otimismo, amparado nas *aeternae veritate*, para ele indiscutíveis, acreditou na cognoscibilidade e na sondabilidade de todos os enigmas do mundo e tratou o espaço, o tempo e a causalidade como leis totalmente incondicionais de validade universalíssima, Kant revelou que elas, propriamente, serviam apenas para elevar o mero fenômeno, obra de Maia, à realidade única e suprema, bem como para pô-la no lugar da essência mais íntima e verdadeira das coisas, e para tornar por esse meio *impossível* o seu efetivo conhecimento, ou seja, segundo uma expressão de Schopenhauer, para fazer adormecer ainda mais profundamente o sonhador (*O nascimento da tragédia* § 18; grifo nosso).

Movendo-se no quadro da filosofia de Schopenhauer, para quem a dualidade kantiana tinha dois aspectos, vontade e representação[1], Nietzsche opõe numa engenhosa adaptação de conceitos dois impulsos da natureza, o apolíneo e o dionisíaco, revendo, numa leitura original, os gregos de Winckelmann e Burckhardt[2]. Enquanto o apolíneo visa à aparência,

---

[1] Conforme esclarece Schopenhauer: "[...] de um lado, inteiramente REPRESENTAÇÃO, e, de outro, inteiramente VONTADE. Uma realidade que não fosse nenhuma dessas duas, mas um objeto em si (como a coisa-em-si de Kant, que infelizmente degenerou em suas mãos), é uma não-coisa fantasmagórica, cuja aceitação é um fogo fátuo da filosofia" (Schopenhauer, A. *op. cit.*, p. 45).

[2] Até então dominava a imagem da Grécia clássica: o século V de Atenas – de harmonia, beleza e equilíbrio (e isso de Schiller a Hegel, com a exceção de Hölderlin) (Cf. Martin, Nicholas. *Nietzsche and Schiller: Untimely Aesthetics*. Oxford: Claredon Press, 1996, p. 145). Winckel-

à forma, à ilusão e à individualidade das figuras bem delimitadas, o dionisíaco deseja a dissolução da individualidade, a desmesura e a superabundância.

Dada a impossibilidade de conhecer a coisa-em-si, Nietzsche busca uma saída para a falta de expressão a que o homem está condenado entre esse par de impulsos contrários. Na obra de Wagner, vê a possibilidade de expressão da unidade primordial. Em termos estéticos, o apolíneo apresenta-se como uma encenação do dionisíaco, o que resulta numa representação do não representável. Kant já havia feito algo semelhante na *Crítica da faculdade de julgar*; a grande dife-

---

mann, maior responsável pelo fascínio dos alemães pelos gregos, foi um dos primeiros a introduzir tal imagem na Alemanha, que se manteve no tempo graças ao cristianismo e à ênfase na arquitetura e na escultura, em detrimento, sobretudo, da música. A partir daí, inúmeras são as modificações dessa concepção feitas pelo classicismo e pelo romantismo. Entre elas, as passagens sobre Édipo em *O nascimento da tragédia* (§ 9), que tiveram por objetivo combater a idéia winckelmanniana da "serenidade grega" (*Griechische Heiterkeit*) (cf. Winckelmann, J.-J. *Reflexões sobre a arte antiga*. Trad. de Hebert Caro e Leonardo Tochtrop. Porto Alegre: Editora da Universidade, 1975). Apesar da mudança de rota na interpretação dos gregos, Bornheim afirma que, no fundo, Nietzsche permanece winckelmanniano, e isto porque com ele temos a oposição a todo o presente e passado imediato, em favor de civilizações primitivas ou distantes (cf. Bornheim, "Nietzsche e Wagner. O sentido de uma ruptura", *op. cit.*, p. 18). A "simplicidade nobre e grandeza serena", já entrevista na obra de Stuart e Revett, *Antiquities of Athens*, que faz sombra (não há por que não dizer) à *História da arte antiga*, de Winckelmann, mas também à de Le Roi, *Ruines de Grèce*, aponta de forma inequívoca para a reação do movimento romântico, em favor do sentimento contra a razão, da natureza contra o artificialismo, da simplicidade contra a ostentação, etc. Assim, talvez possamos afirmar que Nietzsche permanece winckelmanniano na mesma medida em que permanece romântico.

rença é que Nietzsche recusa todas as categorias da racionalidade kantiana, visto considerar que

> O mito trágico só deve ser entendido como uma *afiguração* da sabedoria dionisíaca através de meios artísticos apolíneos; ele leva o mundo da aparência ao limite em que este se nega a si mesmo e procura refugiar-se de novo no regaço das verdadeiras e únicas realidades [...] (*O nascimento da tragédia* § 22; grifo nosso).

Em suma, Nietzsche vislumbra uma mediação entre o sujeito e a coisa-em-si por meio da experiência estética, tendo por modelo a obra wagneriana. O "delicioso êxtase que, à ruptura do *principium individuationis*, ascende do fundo mais íntimo do homem, sim, da natureza" (*O nascimento da tragédia* § 1), esse arrebatamento, "sob a magia do dionisíaco torna a selar-se não apenas o laço de pessoa a pessoa, mas também a natureza alheada, inamistosa ou subjugada volta a celebrar a festa de reconciliação com seu filho perdido, o homem [...]" (*idem* § 1). Assim, o mito trágico, por meio das tragédias de Ésquilo, pode exprimir o verdadeiro ser.

É dessa perspectiva que outras experiências estéticas são rechaçadas, por não serem portadoras de uma mediação possível, como é o caso das tragédias de Eurípides. Ao investigar a morte da tragédia antiga, Nietzsche põe em evidência o realismo do poeta, que, no fundo, é conseqüência do otimismo teórico de Sócrates. Considera que o abandono do dionisíaco e a crescente racionalização da experiência têm sido os promotores do declínio da tragédia.

No entanto, Nietzsche logo desiste da via wagneriana. Mas o que aconteceu para que a via trágica não se mostrasse mais profícua? Suspeitamos que tenha sido o mesmo motivo que levou Hölderlin a abandonar por três vezes o projeto de escrever uma tragédia moderna – *A morte de Empédocles*. Ao realizar traduções e interpretações das tragédias de Sófocles, o poeta lançou um novo olhar sobre a relação entre a antiguidade e a modernidade, reeditando, a seu modo, a "Querela dos Antigos e dos Modernos".

No *Hipérion ou o eremita na Grécia*, Hölderlin expõe a impossibilidade de reviver-se a cultura antiga, haja vista que ela já está formada, encerrada em si, e que dela não podemos mais partilhar, pois a época que a produziu já se concluiu, não está mais viva. Entende então que a tragédia que se punha como via não é mais possível, pois a seu ver natureza e cultura ocupam lugares diferentes para os antigos e modernos – enquanto aqueles partiam da natureza para chegar à cultura, estes partem da cultura para chegar à natureza. Não é à toa que Hipérion torna-se eremita e termina por reunir-se à natureza[3].

Acreditamos ser essas as razões que fazem com que Nietzsche considere inútil seguir, nos termos acima postos, a via da Antiguidade grega no combate aos males modernos. Inflexão – por certo – mais que dramática. Que, aliás, era corrente. Heine, por exemplo, se afastará não só da filosofia, mas também da arte e poesia gregas, chorando diante da Vênus de Milo no Louvre. Na verdade, ele as trocará pelo ascetismo judaico. "Com uma clareza admirável, vai romper com o 'sincretismo' entre o judaísmo e o helenismo, característico de Goethe e Hegel [...] e mostrar que depois de Kant era preciso escolher entre ser judeu (e cristão) e ser filósofo"[4].

---

[3] Cf. Hölderlin. *Hipérion*. Trad. de Márcia de Sá Cavalcante. Petrópolis: Vozes, 1994.

[4] Loparic, Zeljko. *Heidegger réu. Um ensaio sobre a periculosidade da filosofia*. Campinas: Papirus, 1990, p. 96.

Nietzsche abandona assim as principais teses de *O Nascimento da tragédia*: o sujeito estético havia sido posto no lugar do sujeito do conhecimento e o artístico, no lugar do homem teórico. Agora, diante da "crise de Kant", parte do grau zero, ou quase. Deixa de procurar um meio de acesso à coisa-em-si ou a reconciliação do mundo ora cindido. Enfatiza em escritos posteriores – num ensaio de 1873, *Sobre verdade e mentira no sentido extramoral*, e, em parte, no *Curso de retórica* – tão-somente os limites de nosso conhecimento. E faz isso não mais de uma maneira romântica, ou neo-romântica. Mantendo o dualismo kantiano intacto, passa a trabalhar questões relativas à linguagem (seja em sua forma discursiva, seja na musical ou na poética), atribuindo a ela um caráter utilitário. Não trata a linguagem como um meio de representação ou como um veículo que vai possibilitar o acesso à coisa-em-si, pois pouco importa se algum conhecimento advém ou não do ato lingüístico. Agora, o importante é saber se a "verdade" dele resultante vai propiciar a sobrevivência ou a preservação da espécie.

A convenção que surge em torno de uma palavra serve para a apropriação de um determinado objeto, e não como meio de conhecimento do objeto. Ainda mais, a convenção que se firma torna-se ela mesma, de uma maneira canhestra, um modo de "conhecer". Assim, o rechaço a instâncias metafísicas em nome de uma intervenção humana facilmente estruturada em torno de uma convenção aponta para uma forma que pode vir a tornar-se "teoria do conhecimento".

As palavras ganham a forma dos sons devido a uma excitação nervosa, sem que haja nenhuma causa externa que seja a razão desta excitação. Por conseguinte, a linguagem é um conjunto de sinais convencionalmente associados a representações mentais cujo objetivo é a manutenção de uma adequada estabilidade da comunidade. Desse modo, há a sobreposição de coisas de naturezas diferentes: um sinal lingüístico e uma imagem mental. Donde resulta uma representação do real totalmente distante daquelas da tradição filosófica, pois entre o sujeito e o objeto não há nenhum mediador que os regule. Ora, "a linguagem comunica, mas não comunica nem a coisa primordial, nem o estado original, mas apenas cópias por meio de imagens sonoras, ou, se quisermos, por meio dos fenômenos"[5]. Se houve no contexto de *O nascimento da tragédia* uma mediação estética entre o apolíneo e o dionisíaco, agora não existe nenhuma mediação entre as representações lingüísticas e a realidade em si mesma.

Nietzsche teria apenas contornado o problema, deixando a questão da coisa-em-si em suspenso, no aguardo de uma solução futura?

A partir de *Humano, demasiado humano,* o filósofo fornece à linguagem uma outra dimensão, ampliando aquela dada no escrito de 1873. Ela deixa de ser o porto seguro a partir do qual o homem pode apoderar-se do mundo. Algo que ocorrera graças a grandes lances de tempo que permitiram à linguagem petrificar-se e fornecer, como decorrência, o "verdadeiro" conhecimento do mundo.

> O formador da linguagem não era tão modesto a ponto de acreditar que dava às coisas, justamente, apenas designações; mas, antes, exprimia com as palavras o supremo saber sobre as coisas (*Humano, demasiado humano* I § 11).

---

[5] Kremer-Marietti, Angèle. *Nietzsche et la réthorique.* Paris: PUF, 1992, p. 116.

É com base nesse quadro conceptual em torno da linguagem que Nietzsche vai tratar do fenômeno e da coisa-em-si num aforismo de *Humano, demasiado humano* I (§ 16) que possui esses dois termos como título. De um lado, diz ele, temos os filósofos que procuraram investigar a experiência ("o mundo dos fenômenos") para dela tirar conclusões sobre a coisa-em-si, sobre o ser que propiciou a experiência. De outro lado, temos os lógicos que estabeleceram o conceito metafísico de incondicionado, que "puseram em questão toda conexão entre o incondicionado (o mundo metafísico) e o mundo que nos é conhecido: de tal modo que no fenômeno, justamente, a coisa-em-si *não* aparece, e toda conclusão daquele a esta deve ser recusada". Tanto uns como outros ignoraram que a experiência veio a ser e está ainda num pleno vir-a-ser. Mas foi o intelecto humano que fez "aparecer o fenômeno e transpôs para as coisas suas concepções fundamentais errôneas" (*Humano, demasiado humano* I § 16). Disto o homem esqueceu-se a ponto de estabelecer uma separação entre o mundo da experiência e a coisa-em-si.

Contra esse homem, Nietzsche aponta para a importância de uma "história genética do pensar":

> [...] esse processo cujo resultado talvez pudesse desembocar nesta proposição: aquilo que agora denominamos mundo é o resultado de uma multidão de erros e fantasias, que surgiram pouco a pouco no desenvolvimento total do ser orgânico, cresceram entrelaçados e agora nos são legados como tesouro acumulado do passado inteiro – como tesouro, pois o valor da humanidade repousa nele (*idem* § 16)[6].

---

[6] Ou seja: devido à falta de modéstia, criaram-se verdades sobre as coisas mediante a linguagem. É por essa razão que Nietzsche exorta à neces-

Com essa história genética do pensar, o homem poderá compreender a gênese desse mundo como representação e talvez reconhecer que a coisa-em-si "é digna de uma homérica gargalhada: ela *parecia* tanto, e mesmo tudo, e, propriamente, *é* vazia, ou seja, vazia de significação" (*idem* § 16).

No entanto, se tudo tem procedência em nossa sensibilidade, o mundo não acaba por se reduzir ao fenômeno? Lembremos, contudo, que é essa redução ao finito, esse fechamento para todo o transcendente, que reforça o "desespero da verdade" aqui em tela.

Em *Sobre verdade e mentira no sentido extramoral*, Nietzsche deixou de lado a intenção de exprimir esteticamente uma unidade primordial metafísica. Abandonou também o conceito de antíteses absolutas. Como afirmará mais tarde, a crença metafísica na absoluta oposição dos contrários é o mais antigo preconceito dos filósofos de que será necessário nos desembaraçarmos. Não é algo diferente, embora com mais desdobramentos, que encontramos em *Humano, demasiado humano*:

> Os problemas filosóficos voltam a tomar, agora, em quase todos os aspectos, a mesma forma de interrogação que há dois mil anos. Como pode algo surgir do seu contrário, por exemplo, o racional do irracional, [...] a contemplação desinteressada do ávido querer, a vida consagrada a outros do egoísmo, a verdade dos erros? Até aqui a filosofia metafísica arranjou maneira de vencer esta dificuldade, na medida em que negava a forma-

---

sidade do filosofar histórico: "Mas tudo veio a ser; *não há fatos eternos*: assim como não há verdades absolutas. – Portanto, o *filosofar histórico* é necessário de agora em diante e, com ele, a virtude da modéstia" (*idem* § 2).

ção de uma coisa a partir da outra e aceitava para as coisas de mais elevada valia uma origem milagrosa, imediatamente resultante do cerne e essência da "coisa-em-si" (§ 1).

Com a história genética do pensar, a coisa-em-si é esvaziada de conteúdo no momento mesmo em que é afastada como fundamento. Mas nem por isso deixa de existir, pois a afirmação da existência do fenômeno remete, queiramos ou não, a seu outro, à coisa-em-si. Mas notemos que no ensaio de 1873, quando Nietzsche nos fala de uma verdade e mentira no sentido extramoral, ele não trata esses termos no quadro de uma oposição de cunho epistemológico, embora seja esse o quadro em que o fenômeno e a coisa-em-si são comumentes tratados – tanto que não é possível negar um dos termos, sem que o outro deixe de ser pressuposto. Isso não ocorre, porém, com o par verdade e mentira, pois é numa chave pragmática, e não numa epistemológica, que ele se encontra. A mentira é preferida ao erro ou à falsidade porque o que interessa é a característica de valor que tanto a verdade como seu oposto adquirem.

Em *Humano, demasiado humano* não é de outra maneira que Nietzsche vai lidar com o par fenômeno e coisa-em-si. Por ter tratado no ensaio de 1873 do par verdade e mentira pelo viés pragmático, o filósofo pode agora criticar o viés epistemológico em que se punha a oposição entre o numênico e o fenomênico, desmistificando tanto o mecanismo que a engendrou quanto a "origem milagrosa" que se atribuiu à coisa-em-si, para, em seguida, conferir também ao par fenômeno/coisa-em-si um caráter pragmático; deixa assim aberta a porta para formular a questão em termos morais.

Mas é no último período de sua filosofia que Nietzsche terá elementos para mais bem caracterizar as oposições morais. Reportando-se às separações platônicas entre os mundos, um verdadeiro e outro aparente, ele vai mostrar que as distinções kantianas nada mais são que as separações de outrora com outra roupagem.

>Dividir o mundo num mundo "verdadeiro" e num "aparente", seja ao modo do cristianismo, seja ao modo de Kant (um cristão capcioso, em última instância-), é somente uma sugestão de *décadence* –, um sintoma de vida *declinante*... Que o artista estime a aparência mais alto do que a realidade, não é uma objeção contra esta proposição. Pois a "aparência" significa aqui a realidade *mais uma vez, só que selecionada, fortalecida, corrigida...* (*Crepúsculo dos ídolos*, A "Razão" na filosofia, § 6).

Em "Como o 'verdadeiro mundo' acabou por se tornar uma fábula", Nietzsche elimina um dos pólos: "O verdadeiro mundo, nós o expulsamos: que mundo resta? o aparente, talvez?... Mas não! *Com o verdadeiro expulsamos também o aparente!*". Ao expulsar um dos termos, o outro, cuja existência depende de um par, também é expulso, desfazendo assim o dualismo tão bem arquitetado por Platão. Dados os devidos passos, é possível ver que o dualismo kantiano está em xeque. O "verdadeiro mundo" é aqui a coisa-em-si, na medida em que passa a designar o transcendente:

>o verdadeiro mundo, inalcançável, indemonstrável, imprometível, mas já, ao ser pensado, um consolo, uma obrigação, um imperativo (*O velho sol ao fundo, mas através de neblina e* sképsis: *a Idéia tornada sublime, desbotada, nórdica, königsberguiana*) (*Crepúsculo dos ídolos*, Como o verdadeiro mundo acabou por se tornar em fábula).

Mas eliminar um dos lados da dicotomia não é o mesmo que mantê-la intacta? Como vimos, a resposta seria afirmativa, se Nietzsche não encontrasse valores morais por trás da dicotomia básica que divide o mundo em dois. A partir de agora ocorre um enorme influxo: as oposições são de ordem moral, devendo, por essa razão, passar por um processo de avaliação, pois importa ter conhecimentos dos motivos pelos quais a coisa-em-si foi criada, em vez de tentar decifrá-la.

2. Das origens da "alma alemã"

A teoria do conhecimento nada mais seria que a expressão de uma questão moral – assim Nietzsche quer que a compreendamos. Se assim for, por trás das cisões que essa teoria engendrava deveria haver algo de outra natureza que era escamoteado.

A economia alemã começava a entrar nos trilhos do desenvolvimento econômico. Isso exigia que as atividades profissionais fossem mais bem definidas. No entanto, esta especialização crescente do trabalho acabou por cindir o homem, esfacelando a unidade então existente e promovendo com isso um vazio de sentido. A tentativa de estabelecer novamente a totalidade originalmente existente é um problema que vai de Schiller a Marx, chegando a Nietzsche, que, diante de uma situação sem volta no adiantado processo econômico e político, coroado por vitórias militares e pela entrada em cena dos *Bildungsphilisters* (filisteus da cultura), pôde constatar – como fizeram seus antecessores – a falta progressiva de uma vida harmônica outrora patrocinada pela cultura/formação (*Bildung*)[7].

Como solução, Nietzsche buscará a unidade nacional perdida em mundos remotos não dilacerados. No entanto, este achado de Nietzsche não é original – muito menos o problema. "O Paraíso está fechado e selado e o Querubim está às nossas costas [...] Temos de fazer uma viagem de volta ao mundo, para ver se talvez uma porta foi deixada aberta" – nos diz Kleist[8]. Desde o *Sturm und Drang*, com Herder, no pré-romantismo, e com os românticos, fica explícita a busca dos alemães por uma alma alemã, por aquilo que estão destinados a ser, mas não conseguem. Essa geração já tinha encontrado na Grécia antiga um modelo, a via pela qual atingiriam seu alvo. Também Schiller não vacila em pôr em evidência o desencantamento e a racionalização do mundo em que vive, nem de apontar os gregos como modelo, pois entre eles não havia essa cisão, nem qualquer contradição entre indivíduo e natureza, que, hodiernamente, torna os indivíduos incapazes de desenvolver-se em suas totalidades.

---

[7] Como Nietzsche assevera: "Quando os alemães começaram a ficar interessantes para os outros povos da Europa – o que não faz muito tempo –, isso ocorreu devido a uma cultura/formação [*Bildung*] que eles não mais possuem, da qual se livraram com cego afã, como se fora uma doença: e, no entanto, não souberam trocá-la por nada melhor do que a insânia política e nacionalista" (cf. *A gaia ciência* § 190).

[8] Cf. Miller, Philip B. (org.). *An Abyss Deep Enough: Letters of Heinrich von Kleist with a Selection of Essays and Anecdotes*. Trad. de Philip B. Miller. Nova York: Dutton, 1982. Há que ressaltar o fato de que Nietzsche avalia as condições do homem moderno de uma maneira muito diferente daquela dos primeiros românticos, estando mais próximo do último romantismo. A esse respeito, ver na *Gaia ciência* o § 370, intitulado "O que é romantismo?". No que tange à relação de Nietzsche com o romantismo, ver Del Caro, Adrian. *Nietzsche contra Nietzsche. Creativity and the Anti-Romantic*. Londres: Louisiana State University Press, 1989.

Na mesma trilha dos românticos, Nietzsche deixa entrever no *Estado Grego* que não é na Idade Média, no Oriente ou em povos exóticos ou primitivos que se encontrará uma cultura modelo no sentir e pensar para debelar as fragmentações hodiernas, para tornar novamente a sensibilidade indivisa, para integrar as forças emocionais, imaginativas e intelectuais do homem alemão, mas sim na arte e na vida gregas[9]. É na Grécia – no caso, para o filósofo, no período ante-

---

[9] Poderíamos nos perguntar pelas razões da "escolha" do mundo grego. Seguindo as observações de Bárbara Stiegler, no século XVII, o Egito estava muito presente no imaginário europeu; no XVIII, eram os chineses que povoavam as mentes ocidentais; e, no XIX, os assírios foram redescobertos. Por que então os gregos? A resposta é inusitada: por causa do supremo valor da estética grega antiga. Os alemães acreditavam que, ao apreciar a grandiosa arte grega, poderiam ter seus valores morais e políticos melhorados. E nisto Schiller, com suas *Cartas sobre a educação estética do homem*, teve papel fundamental, ao argumentar que – digamos – as atrocidades que acompanharam a Revolução Francesa teriam sido desnecessárias, pois uma educação estética teria levado ao mesmo progresso político, mas por uma via não atroz (Stiegler, Barbara. "Nietzsche et la critique de la *Bildung*. 1870-72: les enjeux métaphysiques de la question de la formation de l'homme". In: *Noésis. Nietzsche et l'humanisme*. Nice: Centre de Recherches d'Histoire des Idées, outubro de 2006, p. 215-33). Posteriormente Humboldt – que privilegiava os gregos atenienses – afirmará a respeito da necessidade do ensino do universo grego: "O conhecimento [da história grega] não é apenas agradável, útil e necessário: somente por meio dele podemos atingir o ideal do que queremos ser e produzir" (Humboldt, W. von. *Werke. Schriften zur Altertumskunde und Ästhetik*. Darmstadt, Wissenschaftliche Buchgesellschaft, 1961, vol. 2, p. 92). Não podemos esquecer que, na "Querela dos Antigos e dos Modernos", estes, primeiramente com Schiller, sofreram uma torção tal, que foram submetidos, por via mimética, aos gregos. Ressaltemos ainda que a proximidade entre o termo *Bildung* e os gregos não se deu apenas no nível da linguagem. O embate entre os franceses e alemães teve grande importância. Os pri-

rior ao helenismo – que vamos encontrar um mundo unitário e harmonioso, no qual se dava a plenitude do homem, cuja totalidade era passível de expressão[10]. Na pólis grega existiam as condições para o florescimento do gênio. Entre o Estado e a arte não havia oposição: o artista dirigia-se ao Estado, e a tragédia era o ato de unificação do povo (cf. *Cinco prefácios para cinco livros não escritos*).

Tudo isso, numa Grécia, precisemos, de que a filosofia não faz parte, pois nos "tempos felizes não há filosofia"[11]. Trata-se da busca, assim, de um tempo originário, antes da "queda". "No fundo, Nietzsche luta a favor de uma espécie de autenticidade da origem que tem de ser preservada, e a superação se faz de modo grego, através do caos, para estabelecer um tipo de cultura pós-niilista"[12].

---

meiros tiveram seu classicismo e seu Iluminismo conforme o modelo da literatura latina e da história romana; os últimos, como contraposição, já o tiveram graças à Antiguidade grega (cf. Lacoue-Labarthe, Philippe. *op. cit.*, p. 212).

[10] Cf., a esse respeito, Butler, E. M. *The Tyranny of Greece over Germany: A Study of the Influence Exercised by Greek Art and Poetry over the Great German Writers of the Eighteenth, Nineteenth, and Twentieth Centuries*. Cambridge: Cambridge University Press, 1935. Há que ressaltar o fato de que a autora trabalha conjuntamente a biografia do pensador e as influências recebidas.

[11] Lukács, G. *A teoria do romance*. Trad. de José Marcos Mariani de Macedo. São Paulo: Duas Cidades/Editora 34, 2000, Prefácio.

[12] Bornheim, Gerd. "Nietzsche e Wagner. O sentido de uma ruptura". In: *Cadernos Nietzsche*, 14 (2003). São Paulo: GEN, 2003, p. 20. A preservação de uma origem, de um solo seguro com base no qual se pode falar, é vital para Nietzsche, caso contrário, a sua filosofia ruiria. O filósofo estava, no entanto, prestes a ficar sem chão. Vejamos. Bornheim, num outro texto, nos fala dos dois troncos principais da cultura. "A cultura ocidental pode ser interpretada como um longo diá-

O filósofo estabelece assim um paralelo entre a Grécia
e a Alemanha, principalmente nos textos de 1869 a 1876[13].
Ele espera que, com a regeneração da cultura alemã, elementos trágicos passem a predominar, no lugar dos elementos

> logo, escassamente harmonioso, entre dois troncos principais de que decorre: o hebraico-cristão, fundamentalmente responsável, pela moral e pela religião, e o grego-romano, do qual herdamos a filosofia, a arte, as diretivas jurídicas e a parafernália militar. Mas como conciliar as duas vertentes? Toda a Idade Média, por exemplo, é atravessada pelo conflito entre razão e fé, pela oposição entre os teólogos e os místicos. Já isso permite entender que a cultura ocidental se caracterize por uma sucessão de crises, e que elas costumem se apresentar com uma mesma variável: trata-se sempre de renascenças que buscam encontrar os seus parâmetros em algum ponto do que se considera a nossa origem – a origem pode situar-se nos evangelhos, nos romanos, nos gregos, e até mesmo nos etruscos. Tais crises terminam por preservar, de algum modo, a conflitada unidade da tradição ocidental, visto que a origem nunca ultrapassa as fronteiras primordiais" (Bornheim, Gerd. "O conceito de tradição". In: Bosi, A. (org.). *Cultura brasileira. Tradição, contradição*. Rio de Janeiro: Zahar/Funarte, 1987, p. 26). Acontece que o niilismo é parte integrante dessa cultura que fornece o solo firme. A chave para sair desse imbróglio é, como lembra Bornheim, o caos.

[13] Esse paralelo entre os elementos presentes no século XIX alemão e os do V a.C. grego fica claro numa seqüência de parágrafos de *O Nascimento da tragédia* (§ 17-19). Sobre o impacto do pensamento e da literatura gregas em Nietzsche, ver Knight, A. H. J. *Some Aspects of Life and Work of Nietzsche and Particularly of his Connections with Greek Literature and Thought*. Cambridge: Cambridge University Press, 1933; ver ainda um estudo de Lloyd-Jones, H. "Nietzsche and the Study of the Ancient World". In: O'Flaherty *et al.* (orgs.). *Studies in Nietzsche and the Classical Tradition*, p. 1-15, em que o autor assevera que, mais do que qualquer filósofo, foram os gregos que puseram Nietzsche no caminho da filosofia; e, por fim, sobre a relação de Marx e Nietzsche com o mundo antigo, ver McCarthy, George E. *Dialectics and Decadence: Echoes of Antiquity in Marx and Nietzsche*. Lanham/London: Rowman and Littlefield, 1994.

socráticos. E Wagner catalisaria este processo com seus dramas musicais, pois seu projeto cultural combinaria elementos gregos e modernos (cf. fragmento póstumo 6 [14], do verão de 1875).

No tocante aos gregos, Nietzsche está mais próximo de Hölderlin. No *Hipérion*[14], o poeta narra a saga de um grego do século XVIII em busca do espírito do passado clássico, que visa a chegar à "terra nova e bela". Mas qual o sentido desse resgate do grego Hipérion? Formar-se e educar-se. Essa formação e educação que ele procura encontrar na Grécia nada mais são que a busca de raízes como meio de dar contornos identitários ao homem, não em geral, claro, mas ao alemão[15].

Numa carta de 2 de dezembro de 1802 a seu amigo Böhlendorff[16], Hölderlin opõe-se claramente ao classicismo, que considera a Grécia como norma de perfeição a ser segui-

---

[14] Blondel resssalta o fato de que foram os gregos e Hölderlin que promoveram as esperanças de Nietzsche de uma nova cultura (cf. Blondel, Éric. *Nietzsche: Le "cinquième 'évangile"*? Paris: Les Bergers et les Mages, s/d., p. 258).

[15] Algumas razões, de cunho histórico, para essa busca pela origem: "Em primeiro lugar, porque a Alemanha, formada por esse povo 'germano', carrega a questão da origem como uma chaga aberta e exposta em toda a sua concreção. Foram os latinos que nomearam esses povos 'germani', os 'autênticos', os 'nascidos dos mesmos pais', os 'parentes', 'irmãos', apreendendo o próprio e originário. Em segundo lugar, porque o problema da origem determina o homem moderno na questão da liberdade e seu limite" (Cavalcante, Márcia de Sá. Apresentação. In: *Hipérion, op. cit.*, p. 9). A história da Alemanha explicaria isto. Lembremos ainda que o *Hipérion* versa, a seu modo, sobre o "atraso" alemão, sem o qual não é possível compreender essa crise identitária, nessas alturas, epidérmica.

[16] Cf. Dastur, Françoise. *Hölderlin: Tragédia e modernidade*. Rio de Janeiro: Relume Dumará, 1998, p. 154.

da. Entendendo natureza como aquilo que é próprio, conhecido, e cultura como o que é estranho, portanto, o que deve ser obtido, os gregos, segundo Hölderlin, tinham como natureza/próprio o *pathos* sagrado e como cultura/estranho a clareza da apresentação. Os modernos, por sua vez, têm por natureza/próprio a clareza da apresentação e por cultura/estranho o *pathos* sagrado. Antigos e modernos têm assim naturezas e culturas diferentes. Cada um caminha em direção de seu estranho, pois suas naturezas ou seus próprios também são diversos daqueles dos gregos. Impossível então falar em imitação dos gregos. Não faria o menor sentido imitar o que é estranho para os gregos, mas natural para os modernos. "Entretanto, nós temos algo em comum com os gregos, que não é nem a natureza nem a cultura, mas que é mais elevado que ambas e de quem elas são apenas elementos abstratos: *das lebendige Verhältnis und Geschick*, a relação viva e o destino ou a destinação, o que implica que, como eles, nós temos de nos apropriar do que nos é estranho. Eis por que, a despeito do fato de não poderem e não deverem ser imitados, os gregos permanecem indispensáveis para nós"[17].

É dessa maneira que Nietzsche aprende com Hölderlin que a Grécia era tida como paradigma para o desenvolvimento da cultura. Tanto que considera saudável que uma cultura/civilização reencontre aquilo que a ela é *próprio*, que faça parte da sua identidade originária. A música, o drama e o pensamento devem se livrar de todos os elementos que lhes são *impróprios*, que não são "puros". Para se apropriar do que lhe é próprio, o povo alemão deve se lançar aos nomes e às obras que lhe darão os meios intelectuais e institucionais para o reconhecimento do que lhe é próprio. Recusando a história e a

---

[17] *Id., ibid.*, p. 155.

filosofia tal como se apresentam, rechaçando o mau uso da língua alemã e a glorificação de indivíduos que não são representantes autênticos da cultura alemã, apostando num tempo passado em que elementos externos a esta cultura/civilização não estavam misturados nela e, muito menos, ocupando todo o espaço, Nietzsche considera que seria possível purificar os elementos estrangeiros à língua, às artes e à toda a cultura alemã, reapropriando-se do que lhe era próprio[18].

Aliás, não é outro o objetivo de *O nascimento da tragédia* senão purificar a "nossa estética". Trata-se, portanto, da procura de uma "essência alemã" (*deutschen Wesen*), de algo puro, sem mistura, uno estilisticamente[19]. Não é à toa que o livro não é um escrito estritamente filológico como muitos, entre eles Wilamowitz-Möllendorff[20], o compreenderam[21]. Nietzsche falava mais dos alemães do que dos gregos, não queria fornecer uma nova interpretação dos gregos com sua

---

[18] Cf. fragmento póstumo 8 [111], do inverno de 1871/outono de 1872. As *Considerações extemporâneas*, *Sobre o futuro de nossos estabelecimentos de ensino* e *O nascimento da tragédia* são obras em que essa busca pelo próprio está presente.

[19] Que fique claro: não é a diversidade ou a pluralidade que é rechaçada, mas a "mistura caótica de todos os estilos" (*der chaotische Durcheinander aller Stile*) (cf. *Primeira consideração extemporânea*). Que não haja dúvida também de que não se trata de uma visão nostálgica da cultura/civilização, mas de uma perspectiva que objetiva ao seu futuro (cf. *O nascimento da tragédia*).

[20] Sobre essa querela entre Nietzsche e Wilamowitz-Möllendorff, ver Galiano, Manuel F. "Ulrich von Wilamowitz-Möllendorff y la filología clásica de su tiempo". In: *Estudios Clásicos* (56), p. 24-57.

[21] Nietzsche critica a forma hiperespecializada que a filologia assumiu. Como já sugerimos, essa especialização extrema seria sintoma da degenerescência da cultura (cf. *O nascimento da tragédia* § 18).

releitura do apolíneo e do dionisíaco, mas visava a encontrar elementos para uma purificação da estética alemã. E isto é dito no livro com todas as letras:

> Eu sei que tenho de conduzir agora o amigo que me acompanha com interesse a um sítio eminente de considerações solitárias, onde contará apenas com alguns poucos companheiros, e, para animá-lo, grito-lhe que devemos nos ater firmemente aos nossos luminosos guias, os gregos. Deles tomamos por empréstimo até agora, para purificação de nosso conhecimento estético, aquelas imagens de deuses [...] (*O nascimento da tragédia* § 23).

Nietzsche considera que essa unidade de estilo só poderá ser fornecida por um mito, um mito nacional. Dessa perspectiva, a história passa a ser indesejável, pois com ela a heterogeneidade (ou, se quisermos, a mistura) de uma nação se deixaria ver, a falta de pureza se faria conhecer:

> [...] imagine-se uma cultura/civilização que não possua nenhuma sede originária, fixa e sagrada, mas sim que esteja condenada a esgotar todas as possibilidades e a nutrir-se pobremente de todas as culturas – esse é o presente, como resultado daquele socratismo dirigido à aniquilação do mito. E agora o homem, sem mito, encontra-se eternamente famélico, sob todos os passados e, cavoucando e revolvendo, procura raízes, ainda que precise escavá-las nas mais remotas Antiguidades. Para o que aponta a enorme necessidade histórica da insatisfeita cultura moderna, o colecionador a nosso redor de um sem-número de outras culturas, o consumidor

desejoso de conhecer, se não para a perda do mito, para a perda da pátria mítica, do seio materno mítico? (*O nascimento da tragédia* § 23).

Onde encontrar essa essência alemã? Não há outro lugar senão nas obras dos gênios. Não é à toa que Nietzsche enfatiza na *Segunda consideração extemporânea* os aspectos da história monumental e tradicional que favoreçam a veneração e a permanência no imaginário de figuras modelos. Figuras nacionais, com raízes alemãs, mas que acedem a uma glória eterna – daí a cultura alemã ser a salvação da cultura em geral. Não há, contudo, em nenhum momento, uma aproximação entre cultura e história; os nomes de filósofos e guerreiros que o Estado utiliza como símbolos nacionais nos quais todos deveriam refletir-se, a fim de dar à Alemanha uma identidade, não são os mesmos nomes que Nietzsche traz: Wagner e Schopenhauer, além de Hölderlin e Kleist.

Não por acaso, Nietzsche considera o triunfo da "cultura" alemã com a vitória de 1871 sobre a França (que resultou na conquista da Alsácia-Lorena) uma derrota para a Alemanha. A "essência" alemã não foi tocada; o impróprio teria vencido de novo. Somente com a distinção de *uma* Alemanha, com contornos bem definidos, haveria uma verdadeira cultura/civilização alemã, como aquela que houve após a derrota de Iena e a ocupação napoleônica, momento em que a idéia de *Volksgeist* ganhou força[22]. Apropriar-se aqui é recu-

---

[22] Cf. o filósofo assevera: "Mais uma vitória dessas, e o império alemão será aniquilado! Eu não tenho mais coragem de reivindicar alguma qualidade como especificamente alemã. Os costumes alemães, a sociabilidade alemã [...] tudo tem um gosto estrangeiro e parece uma imitação desprovida de talento [...]" (fragmento póstumo 26 [16], da primavera de 1873).

sar, acreditar numa "essência" e distinguir-se de todos os outros povos; é apostar nas idiossincrasias alemãs contra o universalismo francês.

Temos em tão grande conta o núcleo puro e vigoroso do ser alemão, que nos atrevemos a esperar precisamente dele essa expulsão de elementos estranhos implantados à força e consideramos possível que o espírito alemão retorne a si mesmo reconscientizado (*O nascimento da tragédia* § 23).

Acontece, no entanto, que as potências originais do espírito alemão passam a ser invocadas, com o precípuo objetivo de justificar as origens célticas dos habitantes da Alsácia. Nietzsche irá perceber apenas na *Primeira consideração extemporânea* que o *Volksgeist* reabilitado com a vitória de 1871 visava apenas à cultura/civilização; a cultura/formação era excluída; ainda mais, que a individualidade havia sido suprimida em nome da origem, que Goethe havia deixado de ser referência.

Os escritores "salvacionistas", Schopenhauer e companhia, respondiam, de uma maneira pessimista, a uma situação dada e ao efeito desta situação: o niilismo. Numa tentativa primeira de debelá-lo, Nietzsche rende-se facilmente ao nacionalismo, em busca de uma "alma alemã", algo, aliás, em voga desde o fim do século XVIII. E isto porque, tendo tido uma educação clássica e liberal em Schulpforta, ele estudou numa escola em que o diretor pregava a combinação do ideal da *Bildung* com o nacionalismo cultural como meio de possibilitar o liberalismo. Convivendo com professores que se identificavam com o nacionalismo prussiano, ele teve quando jovem posições monarquistas. Apoiou a guerra contra a Áustria (1866) e os posicionamentos estratégicos de Bismarck, cujo objetivo era a unidade territorial da Alemanha; participou de grupos liberais pela anexação prussiana da Saxônia e elogiou o historiador nacionalista Heinrich von Treitschke; tomou parte ativamente nas eleições locais para o Reichstag constituinte da Confederação da Alemanha do Norte, aliando-se aos liberais nacionalistas, e passou a repudiar a política partidária depois do fracasso do Partido Liberal Nacional no pleito a que acabamos de referir-nos. Não é à toa que, nesse período, o jovem filósofo tem em alta conta o pessimismo do pensamento de Schopenhauer.

3. *Nacionalismo e cultura*: *pólos antagônicos*

"Creio que nos falta paixão política: suportaríamos com honra tanto um céu democr[ático] quanto um abs[olutista]"[23] (fragmento póstumo 2 [58], do outono de 1885/ outono de 1886). É com paixão que Nietzsche, num giro de cento e oitenta graus, converte a sua posição nacionalista em antinacionalista. O nacionalismo seria o pior veneno para a cultura/formação. Espírito de contradição que decide opor-se apenas para ter uma outra posição ou perspectiva? Certamente não. Diferentemente do que afirmara no *Estado grego*, o Estado não teria condições de propiciar o surgimento do gênio. E isto porque uma organização guerreira calcada na

---

[23] Como exemplo do engajamento e paixão política de Nietzsche: "Máxima: não manter relações pessoais com nenhum homem que participe do enganoso delírio racista. (Quanto engodo e esgoto é preciso para, no atual entremesclamento da E[uropa], fomentar e fermentar questões racistas!)" (fragmento póstumo 5 [52], do verão de 1886/outono de 1887).

escravidão exigia que cada indivíduo se colocasse a serviço do todo. De que maneira o gênio pode ser possível numa cidade que – na nova terminologia nietzschiana – preza a vida em rebanho?

> A *pólis* grega, como todo poder político organizador, era exclusivista e desconfiadíssima em face da expansão da cultura; sobre a cultura, seu instinto atávico e violento quase só tinha efeitos paralisantes e inibidores [...] Foi a despeito da *pólis* que a cultura se desenvolveu [...] E que ninguém alegue o panegírico de Péricles: pois este não passa de um grande sonho otimista, da ficção de que existia uma ligação entre a *pólis* e a cultura ateniense (*Humano, demasiado humano* § 474).

Nietzsche vê nesse momento o Estado como um entrave para a cultura. Não é por acaso que partilhe da noção de "Estado cultural" (*Kulturstaat*) que Fichte cunhou[24]. Nem será por outra razão que seu discurso nacionalista cederá lugar a um outro, sobre a unificação da Europa. Discurso este que deve ser da lavra dos "bons europeus"[25]:

---

[24] Cf. Ringer, *op. cit*, p. 199. "O ideal do desenvolvimento cultural era seu valor supremo [dos neo-humanistas]; assim, inclinavam-se naturalmente a subordinar outros interesses e problemas às reivindicações ineludíveis da cultura. Quando aplicada à política, essa abordagem levou ao ideal do Estado cultural" (*id., ibid.*).

[25] Os "bons europeus" são aqueles que não têm um presente (já que o presente em que se vive é o mais ignóbil possível). São como os alemães, que não têm um hoje, pois "são de anteontem e do depois de amanhã" (cf. *Para além de bem e mal* § 240). Eles renegam o patriotismo e rechaçam o "apego à terrinha" (cf. *idem* § 241). O europeu de ontem partilhava do supranacionalismo e era nômade, cosmopolita

Nós, "bons europeus": também nós temos horas em que nos permitimos uma bela patriotice, um salto e recaída em velhos amores e estreitezas [...], horas de fervor nacional, de palpitações patrióticas e toda espécie de arcaicas inundações emotivas. Espíritos mais pesados do que nós podem requerer bem mais tempo, para dar conta do que em nós transcorre e chega ao fim em poucas horas: alguns levariam meio ano, outros meia vida, conforme a rapidez e a força de sua digestão e metabolismo [...] (*Para além de bem e mal* § 241).

"Recaída em velhos amores": isto para o filósofo é perfeitamente possível – tanto que ele próprio não ficou incólume a eles. Manter uma postura nacionalista, no entanto, deixa de ser uma atitude saudável. É num livro anterior a *Para além de bem e mal* (1886), *Humano, demasiado humano* (1878), que Nietzsche constata contornos da Europa bem diferentes daqueles que vislumbrara em sua fase nacionalista. A partir das nações européias

> deve surgir uma raça mista, a do homem europeu. Hoje em dia o isolamento das nações trabalha contra esse objetivo, de modo consciente ou inconsciente, por meio da geração de hostilidades *nacionais*, mas a mistura avança lentamente, apesar dessas momentâneas correntes contrárias: esse nacionalismo artificial é, aliás, tão perigoso como era o catolicismo artificial, pois é na essência um estado de emergência e de sítio que alguns pou-

---

(cf. *idem* § 242); era fisiologicamente forte. Ver, a esse respeito, o fragmento póstumo 35 [9], de maio/junho de 1885, em que Nietzsche distingue, pontuando, os "bons europeus" e os homens de pátrias.

cos impõem a muitos, e que requer astúcia, mentira e força para manter-se respeitável (*Humano, demasiado humano* § 475).

O nacionalismo é regressivo e cego – além de extremamente perigoso (o anti-semitismo é um exemplo das conseqüências maléficas de uma postura nacionalista)[26]. Ele tenta fixar aquilo que na realidade é movimento, não idêntico, francamente misturado. Cada nação não corresponde a uma única cultura, mas a inúmeras culturas que convivem e promovem sua heterogeneização. Dado ser inevitável a mistura, não há por que não visar a unidade das nações européias (cf. fragmento póstumo 5 [52], do verão de 1886/outono de 1887)[27]. E isto apesar de os alemães terem lutado contra essa unidade e, por conseguinte, contra Napoleão. Os alemães deveriam trabalhar para a fusão das nações, "devido à sua antiga e comprovada virtude de serem *intérpretes e intermediá-*

---

[26] Aliás, "o problema dos judeus só existe nos estados nacionais". O isolamento de nações provoca a "formação de hostilidades nacionais", resultando em ódios entre os povos (cf. *Humano, demasiado humano* § 475). Tanto é assim que a "era Bismarck (a era da idiotização teuta)" contribuiu para desenvolver, "também as plantas pantanosas propriamente ditas, p. ex. os a[nti-semitas]" (fragmento póstumo 2 [198], do outono de 1885/outono de 1886). Assim: "Contra ariano e semítico. Onde raças são misturadas, o manancial da grande cultura/civilização" (fragmento póstumo 1 [153], do outono de 1885/primavera de 1886).

[27] Atentemos para o fato de que o nacionalismo que surge não advém de adversidades entre povos, mas sim da intenção de participar a todos os povos a excelência de suas artes, língua e literatura (Herder em suas *Idéias sobre a filosofia da história da humanidade*, por exemplo). É, em uma palavra, um nacionalismo cultural, cujo eixo formador é a língua. Esta situação começa a alterar-se, no entanto, após 1848. As nacionalidades tornam-se políticas; elas passam a ser uma arma na luta pelo poder entre as nações.

rios dos povos" (*Ecce Homo*, O caso Wagner: um problema para músicos, § 2).

Não é possível entrever nações idênticas, fechadas culturalmente em si. O que há efetivamente é algo de outra natureza, constata Nietzsche[28]. E uma das maneiras que encontra para atacar o nacionalismo, de início, consiste em recorrer ao pensamento democrático, visto de forma positiva em alguns textos do período de *Humano, demasiado humano*[29]. A igualação democrática ajudaria a romper com as cristalizações nacionais, a flexibilizar tudo o que há de rígido em termos de costumes e moral nos estados nacionais. Outras perspectivas sociais e uma outra visão de mundo passariam, com a democracia, a ser possíveis[30]. Com a democracia, a Europa chegou a um estágio em que não há obstáculos para a sua unificação. Esse "elogio" da democracia – e sua relativa importância – fica circunscrito a um momento da obra em que o filósofo ainda não operava com o procedimento genealógico[31].

---

[28] Até mesmo, obviamente, em solo alemão. "A alma alemã é antes de tudo múltipla, de origem vária, mais composta e sobreposta que propriamente construída: a causa disto está em sua procedência" (*Para além de bem e mal* § 244).

[29] Por exemplo, os seguintes textos: *O andarilho e sua sombra* § 230, § 275, § 281, § 292 e § 293; e fragmentos póstumos 41 [9] e 47 [10], da primavera de 1878/novembro de 1879.

[30] Nietzsche sugere ainda que, como meio de destruir as nações, se estimule o comércio entre os países, a "troca de livros e de papéis", a "comunicação de toda cultura superior" e a vida nômade (cf. *Humano, demasiado humano* § 475).

[31] E, se a democracia assim pode ser entendida, é porque ainda não está vinculada ao cristianismo, como ocorrerá a partir de *Assim falava Zaratustra*. "Os quatros grandes democratas Sócrates Cristo Lutero Rousseau" [*sic*] (fragmento póstumo 9 [25], do outono de 1887): todos eles serão alvo de uma mesma crítica.

As condições ideais podem estar dadas, mas faltam, para uma nova Europa, os homens ideais, não degenerados pelo cristianismo. Numa palavra, falta o "bom europeu"[32]. E dessa maneira a questão da cultura, que havia desaparecido no período de *Humano, demasiado humano*, volta a se apresentar. Esse novo homem, superior, sem pátria, não pode mais referir-se especificamente à sua cultura, muito menos a uma cultura particular, como a alemã. Será preciso ousar mais, abandonar a "pequena política" em nome da "grande política". Solução, como veremos, pré-moderna. Se as condições ideais estão dadas e falta um novo homem e se a via será a da "grande política"[33], cabe pôr tudo abaixo, com a crítica ao cristianismo, este solo sobre o qual a Europa se apóia, para que uma verdadeira cultura possa florescer. E essa nova cultura terá como sustentáculo uma nova aristocracia cultural. Notemos que o filósofo não fala de uma aristocracia política.

Também não é novidade alguma que a edificação de uma nação era elemento fundamental para a formação de um mercado integrado. Neste quadro, fazem sistema as noções de democracia, liberalismo, igualdade, liberdade, e outras mais (as "idéias modernas" em geral), todas essenciais para dotar o capitalismo de uma consistente estrutura. A todas essas noções Nietzsche não poupará, como sabemos, as mais

---

[32] A democracia teve assim um efeito positivo: propiciou as condições para que a unificação européia ocorresse. E um efeito negativo: promoveu o enfraquecimento do homem. Cf. *Para além de bem e mal* § 242: "As mesmas novas condições em que se produzirá, em termos gerais, um nivelamento e mediocrização do homem, – um homem animal de rebanho, útil, laborioso, variamente versátil e apto – são sumamente adequadas a originar homens de exceção, da mais perigosa e atraente qualidade".

[33] Mais adiante trataremos com vagar a noção de "grande política".

duras críticas. Todas elas passarão pela análise genealógica, ou melhor, serão por ela trituradas. Por trás do nacionalismo, Nietzsche encontrará um burguês mesmerizado, cuja espontaneidade patriótica produzia-se à custa de pedagogia e adestramento. Aqui também nada de novo, agora, para os estudiosos de Nietzsche.

Em parte os novos rumos serão ditados pela "força da tradição"[34], à qual o filósofo, desde jovem, foi muito receptivo. A sociedade européia continuava enraizada em tradições e valores de épocas pré-capitalistas, mantendo-se como guardiã da herança clássica e humanista do passado. Na Inglaterra, por exemplo, a aristocracia e a burguesia travaram uma quebra-de-braço, que resultou, malgrado os novos tempos, na não "erradicação" da primeira[35]. As mudanças, quando ocorrem de forma consistente, acontecem lentamente. Na Alemanha, o peso da tradição na resistência ao capitalismo é um capítulo à parte. E isto dada a existência de um segmento da sociedade com força suficiente para impedir qualquer avanço (ou retrocesso, dependendo da perspectiva que se tenha). Referimo-nos aqui à burocracia, braço direito – e de ferro, mas dotado de autonomia – da nobreza *junker*, mantenedora das tradições medievalistas locais, e do corpo de funcionários especializados e gestores da esfera pública.

Essa elite burocrática prussiana[36] soube criar um corpo político-administrativo que possuía uma dupla face: uma tra-

---

[34] Aludimos aqui à argumentação presente em *A força da tradição. A persistência do Antigo Regime (1848-1914)*, do historiador Arno J. Mayer. São Paulo: Companhia das Letras, 1990.

[35] Cf. Schumpeter, J. *Capitalismo, socialismo e democracia*. Rio de Janeiro: Zahar, 1984, p. 168.

[36] Analisada com detalhes por Hans Rosenberg no livro *Bureaucracy, Aristocracy and Autocracy. The Prussian Experience 1660-1815*. Cambridge

dicional e outra moderna. Essa esquizofrenia não barrava o acesso dos bem formados à carreira burocrática do Estado, que, como sabemos, era fonte de prestígio – e mobilidade – social. Mas não só. Revestia essa nova elite de grande poder, tanto que permitia, graças a uma certa modernização do Estado, alianças e compromissos dos Hohenzollerns e dos *junkers*.

É essa modernização, *grosso modo*, levada a termo pela burguesia-junker, que sem vacilar atropelou a via pela revolução plebéia na transição para o capitalismo, que propiciará um solo fértil a partir do qual o capitalismo se desenvolverá na Alemanha. Mas, para isso, a unificação territorial é indispensável, pois sem o Estado nacional, de nada adianta a criação na sociedade das bases modernas para o novo modelo econômico.

Vejamos a declaração – pouco original e com muitas segundas intenções – que Nietzsche faz, numa carta datada de 7 de novembro de 1870 a Carl von Gersdorff, sobre esse processo:

> Receio que tenhamos de pagar por nossas maravilhosas vitórias nacionais um preço com o qual, por minha parte, jamais concordarei. Confidencialmente: sou da opinião de que a Prússia moderna é uma potência altamente perigosa para a cultura/civilização [...]. A tarefa é árdua, mas devemos ser filósofos o bastante para manter nosso sangue-frio no meio da fumaça e vigiar para que nenhum ladrão venha e amesquinhe o que, a meu ver, não se pode comparar a nada, nem segue às ações militares mais heróicas, à nossa exaltação nacional.

(Mass): Harvard University Press, 1958. E também por Charle, Chistophe. *Les intellectuels en Europe au XIXe siècle. Essais d'histoire comparée.* Paris: Éditions du Seuil, 2001 (em particular os capítulos 4 e 5).

Pouco original, porque corrente. Intenções segundas: sabendo que o "apego" religioso à cultura/formação servia de compensação à desagregação nacional (o que não acontecia com a Inglaterra e a França) – aliás, para o que Marx, já nos idos de 1848, será o primeiro a atentar –, Nietzsche trabalhará em duas frentes com muita habilidade. Por um lado, criticará os filisteus da cultura, haja vista ser um legítimo herdeiro da *Bildung*; por outro lado, revelará, contra seu próprio segmento, o ponto fraco que o pôs numa posição de não-ação. Vemos nisso, contudo, nada mais do que um sinal do imbróglio que acima apontamos (final do tópico "A face oculta da 'crise de Kant'").

É nesse ponto que ocorre um verdadeiro contramovimento, uma verdadeira guinada no tocante às posições de Nietzsche em relação ao nacionalismo: a unidade de uma nação – que possibilitaria a sua identidade – passa a ser tida como nociva.

> Graças ao mórbido estranhamento que a insânia do nacionalismo produziu e produz entre os povos da Europa, graças igualmente aos políticos de vista curta e mãos velozes, que se acham no topo devido a tal insânia e não suspeitam que sua política desagregadora é, necessariamente, não mais que entreato – graças a tudo isso, e a algo mais que é agora inexprimível, são ignorados, ou arbitrária e mendazmente reinterpretados, os indícios mais inequívocos de que a Europa *quer se tornar una* (*Para além de bem e mal* § 256).

Mudança estratégica de posição, podemos dizer, pois há, agora, novas razões para as quais o filósofo atentou: que com o nacionalismo o capital organizava-se mais facilmente e, por extensão, punha a cultura/formação em perigo. O ponto de vista altera-se: a unidade européia seria mais útil para a cultura/formação[37].

Alteração de rota no tocante ao nacionalismo que não acarreta, contudo, o abandono da tradição em que ele estava inserido, daquela tradição que encontrou na Grécia a chave para os males modernos. E isto porque o universo grego propiciava não apenas uma leitura afeita àqueles que procuravam construir uma nação, desejavam ter uma "alma alemã", mas também, e talvez paradoxalmente, uma leitura adequada aos que procuravam cosmopolitismo nos gregos. Ao se autodenominar espírito livre (*Freigeist*), Nietzsche situa-se nesta perspectiva dos "cosmopolitas do espírito"[38]. E os gregos são tidos como paradigmas desse cosmopolitismo, malgrado – como sabemos – a distância que um grego se põe em relação a um bárbaro, pois considera-se superior (e isso na ótica não só de Hegel, mas também de Burckhardt e Nietzsche). Se há uma certa consideração pelo outro, isto se deve ao fato de saber-se devedor de culturas alheias[39]. Mes-

---

[37] Afinal, não é outra a intenção do economista Friedrich List quando propõe o *Zollverein* (barreiras aduaneiras entre os estados alemães), em seu livro *Sistema nacional de economia política* (1840). Numa palavra: um verdadeiro nacionalismo econômico.

[38] Cf. *Humano, demasiado humano* § 225: "É chamado de espírito livre aquele que pensa de modo diverso do que se esperaria com base em sua procedência, seu meio, sua posição e função, ou com base nas opiniões que predominam em seu tempo. Ele é a exceção, os espíritos cativos são a regra".

[39] Os românticos alemães, por exemplo, asseveram que nossos "inícios estão plantados às margens do Ganges". E, para Humboldt, "a língua deveria ser conhecida numa perspectiva diacrônica, ou seja, histórica, epistemológica. A partir disso, ele chegou à conclusão, amplamente comprovada ainda hoje, de que o berço de todas as línguas indo-germânicas – ou indo-européias, [...], se encontra na Índia, numa língua

mo Nietzsche não desprezava esse débito quando chamava os gregos de "melhores herdeiros e alunos da Ásia" (cf. *Para além de bem e mal* § 238)[40].

Somente num Estado não-nacional, ou melhor, supranacional, a cultura poderá florescer. E, para tanto, o filósofo não vacila em apresentar essa aristocracia cultural, que ele julga necessária. Não hesita em trazer nomes que, por se alçarem a uma glória eterna, situam-se para além de qualquer nação, numa palavra, nomes supranacionais. Diferente foi em seu período nacionalista, quando a nação deveria glorificar nomes de artistas, filósofos, guerreiros, a fim de que uma identificação ocorresse, uma identidade se formasse. Isso culminou, como sabemos, no período da guerra de 1870, momento em que nomes nacionais eram de extrema importância política, pois poderiam demonstrar a superioridade cultural que se tinha sobre o inimigo (no caso, a França). Wagner, Schopenhauer, mas também Kleist e Hölderlin eram os nomes que Nietzsche então prezava, em contraponto a David Strauss.

São outros – em parte – os nomes que Nietzsche agora apresenta como aqueles que poderiam embasar a idéia de uma Europa una: Napoleão, Goethe, Beethoven, Stendhal, Heine, Schopenhauer e Wagner (*Para além de bem e mal* § 256). A Europa viveria um momento em que a aversão ao nacional chegaria ao seu ponto máximo. E esses nomes teriam preparado o caminho "para essa nova síntese".

---

anterior ao sânscrito" (cf. Bornheim, Gerd. "Nietzsche e Wagner. O sentido de uma ruptura". In: *Cadernos Nietzsche*, 14. São Paulo: GEN, 2003, p. 20.

[40] Em relação a esse ponto, os estudos presentes no livro *Philosophie comparée: Grèce, Inde, Chine*, organizado por Joachim Lacrosse, corroboram a posição de Nietzsche (Paris: Vrin, 2005).

Fica a questão a ser investigada: qual ou quais os pontos em comum entre esses nomes?

Notemos apenas que Napoleão é o único que destoa da lista que traz escritores e músicos. É mesmo difícil entender como um nome que – muito malvisto na Alemanha[41] – pudesse ser tido como modelo. Importante, sem dúvida, é o fato de Nietzsche ter posto Napoleão como uma das esperanças contra o niilismo (cf. fragmento póstumo 9 [44], do outono de 1887/março de 1888).

> Os alemães incomodam, pois estão sempre atrasados no tocante à grande marcha da cultura/civilização européia: Bismarck, *Lutero* por exemplo [*sic*]; recentemente, quando Napoleão quis fazer da Europa uma associação de Estados (único homem com força suficiente para isto!), eles atrapalharam com suas "*Guerras de Libertação*" e provocaram infelizmente a loucura das nacionalidades [...] (fragmento póstumo 25 [115], da primavera de 1884).

Para além do aspecto belicoso de Napoleão, cuja máquina de guerra sempre visou uma "síntese" da Europa, é o tipo de homem que ele representa que o filósofo traz para o primeiro plano. Quando, num fragmento póstumo (6[30], do outono de 1880), ele diz, referindo-se à execução do duque Enghien, "Eu não tenho ódio, não sou suscetível a fazer nada por vingança: eu simplesmente não faço nada que me incomode", encontramos nestas linhas traços que caracteri-

---

[41] Como se sabe, ele teria desmistificado as guerras de libertação nacional. Teria, também dessa forma, contribuído para a fusão das nações (cf. *Humano, demasiado humano* § 475).

zam notadamente o tipo de homem forte, o senhor, que Nietzsche trabalha, de forma detalhada, em *Para além de bem e mal* e em *Para a genealogia da moral*[42]. Um tipo de homem para o qual não há ressentimentos. Nietzsche está a enfatizar a postura de Napoleão, e, por conseguinte, sua atitude diante da Revolução Francesa e seus ideais (liberdade, igualdade, fraternidade)[43]. Napoleão seria o antípoda do homem que surge após a Revolução.

> Os grandes homens, tal como as épocas, são material explosivo em que se acumula uma força ingente; seu pressuposto é sempre, histórica e fisiologicamente, que neles, durante muito tempo, se tenha juntado, acumulado, poupado e preservado essa força – mas que, por longo tempo, nenhuma explosão tenha ocorrido. Se a tensão na massa tornou-se demasiado grande, basta o estímulo mais acidental para chamar ao mundo o "gênio", a "ação", o grande destino. Que se deve, pois, ao meio ambiente, à época, ao "espírito do tempo", à "opinião" pública?! – Tome-se o caso de Napoleão. A França da Revolução e, mais ainda, a da pré-Revolução teriam produzido a partir de si o tipo oposto ao de Napoleão: e, na realidade, criaram-*no*. E porque Napoleão era *diferente*, herdeiro de uma civilização mais forte, mais distante e antiga, do que aquela que, na França, se esfu-

---

[42] Cf. *Para além de bem e mal* § 260 e *Para a genealogia da moral*, principalmente a primeira Dissertação.

[43] A respeito destes ideais na obra de Nietzsche, ver artigo de Scarlett Marton, "Nietzsche e a Revolução Francesa". In: *Extravagâncias. Ensaios sobre a filosofia de Nietzsche*. São Paulo: GEN/Unijuí, 2001, p. 183-98.

mou e fragmentou, tornou-se aqui senhor, *era* aqui o único senhor (*Crepúsculo dos ídolos*, Incursões de um extemporâneo, § 44).

Ainda sobre o *homem* Napoleão:

Napoleão: compreendido o necessário co-pertencimento do homem mais elevado ao mais terrível. O "homem" restaurado; reconquistado à mulher o devido tributo de desprezo e temor. A "totalidade" como saúde e suprema atividade: redescoberta a linha reta, o grande estilo no agir; afirmado o instinto mais poderoso, o da própria vida, a ânsia de domínio (fragmento póstumo 10 [5], do outono de 1887).

Contra a democracia, uma aristocracia; contra o igualitarismo, uma hierarquia. Napoleão encarna assim o senhor, o tipo nobre da *Genealogia da moral*; ele é tido como o novo homem. Mas não só: Napoleão seria antípoda de todo um mundo que se delineava[44]. Com esta figura, Nietzsche poderia contrapor-se a um dos eixos fundamentais que a política econômica – de cunho liberal – havia encontrado para se desenvolver, qual seja, a de fortalecer a idéia de uma nação homogênea. Trabalhar para que uma "nova raça", uma "raça superior", se formasse deveria ser o objetivo – e os estados nacionais eram uma barreira para isto. Trata-se, assim, de destruir as nações, a fim de que o processo de formação de

---

[44] Há, contudo, uma restrição a Napoleão: "A revolução tornou possível Napoleão: este é a justificação dela. [...] Napoleão possibilitou o nacionalismo: essa é a restrição a ele" (fragmento póstumo 10 [31], do outono de 1887).

uma "raça européia" mista e superior, que hoje "avança lentamente", se acelere – e nessa mistura os judeus têm um papel importante[45].

Goethe, por sua vez, segundo o filósofo, de uma maneira não estritamente política, rechaçava o apego ao nacional. O fato de ele encarnar a "cultura alemã", de a língua alemã ser a "língua de Goethe", não encerra o escritor num âmbito puramente nacional, malgrado assim o ver o povo alemão. Não é à toa que Nietzsche se lembra dos julgamentos severos de Goethe em relação aos alemães, e da amplitude de seus escritos, que ultrapassavam em muito os limites da Alemanha (cf. *Opiniões e sentenças* § 170). Nenhuma incongruência há no fato de Goethe também "desejar a unidade da Europa"[46]. Há, *grosso modo*, uma cultura européia que tem o cristianismo como essência[47]. A esta cultura uma outra deve se sobrepor. Para além dos particularismos de cada povo – os quais fazem crer que existam culturas diferentes –, uma compreensão da cultura à maneira de Goethe proporcionaria uma unidade não só cultural, mas também política, não mais culturas fechadas em si e concorrentes (aliás, algo impossível de manter-se num mundo em que a economia derruba fronteiras). Dada a importância que Nietzsche atribui a Goethe,

---

[45] Apesar do uso de expressões como "raça superior", fica evidente em nossas observações que não há traço algum em Nietzsche de xenofobia ou de anseio por limpeza étnica.

[46] Goethe faz uma importante distinção entre cultura nacional e cultura humana nas *Conversações de Goethe com Eckermann*. Segundo ele, sem abandonar as especificidades da cultura, o homem deveria alçar-se à humanidade (Paris: Gallimard, 1941, p. 158).

[47] Cf. Bornheim, Gerd. "Nietzsche e Wagner. O sentido de uma ruptura", *op. cit.*

numa das mais importantes passagens do *Crepúsculo dos ídolos*, ele traz a figura de Dioniso associada à de Goethe.

> Goethe concebeu um homem forte, de grande cultura, hábil em todas as coisas do corpo, tendo um grande domínio de si mesmo, cheio de respeito por si próprio, que ousasse permitir-se todo o âmbito e riqueza da naturalidade, suficientemente forte para tal liberdade; o homem de tolerância, não por fraqueza, mas por força, porque sabe usar em vantagem própria o que aniquilaria uma natureza medíocre; o homem para o qual nada existe de proibido a não ser a *fraqueza*, quer ela se chame vício ou virtude... Um espírito assim *libertado* encontra-se, com um fatalismo alegre e confiante, no meio de tudo, na *crença* de que apenas o individual é abominável, de que tudo se resolve e afirma no todo – *não mais nega*... Mas semelhante fé é a mais elevada de todas as crenças possíveis: batizei-a com o nome de *Dioniso* (*Crepúsculo dos ídolos*, Incursões de um extemporâneo, § 49).

É uma visão não cristã do mundo que Nietzsche está buscando. Com Goethe, ele ataca um outro eixo de extrema importância para a formação das nações: a unidade da língua.

Luta insana contra a criação de nações: embora cada nação não seja uma cultura homogênea e imutável, algo diferente está sendo criado. Para reforçar essa luta antinacionalista, outros nomes – além dos que já trouxemos – aparecem: Beethoven, aquele que trabalhou "para além das cabeças dos alemães" (*Opiniões e sentenças* § 170), que fez da música alemã a música da Europa (*A gaia ciência* § 103); Heine, que teria conseguido deixar de ser alemão, mesmo escrevendo na língua alemã; Stendhal, que seria o psicólogo da Europa do futuro (cf. fragmento póstumo 35 [9], de maio/julho de 1885); Schopenhauer, pelo alcance de seu pessimismo na Europa (a respeito da grandeza de Schopenhauer, *Crepúsculo dos ídolos*, Incursões de um extemporâneo, § 21).

A contrapelo de suas posições, que oscilaram, Nietzsche vivia numa Alemanha que ganhava com rapidez contornos nacionais[48]. Aliás, tal tarefa, a constituição de um Estado-nação, na Alemanha, e seu desdobramento lógico, a unificação nacional, coube a "um estadista", Bismarck. Para tanto, esse "estadista" fez com que se acreditasse, por meio de seus intelectuais, que o Estado era o ponto final num processo de evolução (cf. *Para além de bem e mal* § 240). Não só. Aguilhoou "as paixões e cobiças dormentes em seu povo", transformou "em culpa seu estrangeirismo e secreta infinitude", fez "estreito seu espírito, 'nacional' seu gosto" (cf. *idem* § 241). Assim, o nacionalismo passou a ser peça-chave para o bom desenrolar das atividades econômicas, pois por meio dele o Estado-nação poderia manter-se.

No entanto, não é apenas na Alemanha que a nação está sendo inventada. "Aquilo que na Europa tem o apelido de 'nação', que, na realidade, é antes uma *res facta* que *nata* [antes uma coisa feita que nascida] (e às vezes pode ser confundida com uma *res ficta et picta* [coisa imaginada e pintada])", afirma o filósofo, "é de todo modo algo em evolução, jovem, facilmente mutável, não é ainda uma raça, muito menos algo *aere perennius* [mais perene que o bronze], como o tipo judeu" (*Para além de bem e mal* § 251). Essa "nação" que

---

[48] E quanto a isto, segundo Nietzsche, os alemães podiam ser responsabilizados, pois eles impediram a formação de uma unidade européia política e econômica "para o fim de reger a Terra" ao terem lutado contra Napoleão, "uma *force majeure* de gênio e vontade".

o filósofo vê surgir em solo europeu é entendida como uma sociedade politicamente organizada que adquiriu consciência de sua unidade e controla um *território* próprio[49].

Ao identificar essa "febre nervosa nacionalista" (*Para além de bem e mal* § 251), ao alertar para as "horas de fervor nacional", "de palpitações patrióticas" na Europa (*idem* § 241), que impelia para a invenção de "nações" européias, Nietzsche estaria contrapondo-se às idéias ligadas ao "princípio de nacionalidade", que circulavam principalmente entre os economistas alemães, no período de 1830 a 1880[50]. Esta-

---

[49] Esse é o sentido moderno do termo "nação", que não existia até meados do século XIX. Nação era o conjunto de indivíduos que partilhavam costumes, valores e leis independentemente de qualquer vínculo com o território em que se situavam. "Nação" deixa de fazer referência à unidade étnica e passa a se referir à unidade territorial e política. O ano de virada dessa compreensão foi 1830, quando a burguesia francesa rebelou-se contra Carlos X. Não nos esqueçamos, entretanto, de que o mesmo *tour de force* que engendra a nação agrega a ela, em seguida, o conceito de Estado. Para os economistas liberais, a "riqueza das nações" dependia de governos regulares e da fragmentação nacional, ou seja, dos Estados nacionais, uma vez que eles eram favoráveis à competitividade econômica e ao progresso.

[50] Por princípio de nacionalidade, entendamos a maneira pela qual se intentava a proteção da economia, no caso, a da Alemanha, em relação a outras mais potentes. Uma nação, ou Estado-nação, que se caracterizasse pela extensão territorial e por uma numerosa população era imprescindível. Não é à toa a unificação nacional ser algo urgente. A existência de uma língua e de uma elite cultural que fizesse acreditar na nação como fim de um processo evolutivo era fundamental (aqui bem vemos as razões das críticas de Nietzsche a Hegel). Acrescentemos que este "princípio de nacionalidade" teve vida curta. Já a partir da década de 80, o patriotismo teve de se transformar num forte nacionalismo, único elemento que poderia dotar a nação de um real sentimento nacional (ícones e símbolos nacionais, além de iniciar uma tradição). A *intelligentsia*, assustada com as lutas populares e com o socialismo,

ria opondo-se às mudanças político-econômicas que estavam sendo sustentadas por meio dessa "*névrose nationale* da qual adoece a Europa" (*Ecce Homo*, O caso Wagner. Um problema para músicos, § 2).

Vemos que a solução de Nietzsche para os males modernos continua sendo pré-moderna, já que, para ele, a modernidade seria nociva por ter promovido a fragmentação do homem. O problema é que o "pensamento pré-moderno" era acrítico e possível apenas sob "a condição de que a sociedade repousasse estaticamente sobre si mesma", enquanto "o pensamento reflexivo reportava-se não ao vazio, mas a uma ordem divina". Não há como ignorar que "não há mais volta a essa condição"[51].

Não é por meio de uma identidade nacional, na busca de uma "alma alemã", que as cisões em que o homem se acha poderão ter uma solução. Centrar-se no nacional fará apenas as conseqüências agravarem-se, pois o desenvolvimento que o Estado nacional poderá ter dará lugar inexoravelmente aos filisteus da cultura, pondo abaixo aquilo que fornecia um sentido de unidade ao social: a *Bildung*. A modernidade capitalista, que avançava, pôs fim à natureza harmônica do homem ao abrir mão da formação humanista[52]. É assim no

---

    assim como com a cisão em classes, teve nisso papel de máxima importância. Nietzsche, como já dissemos, lutava nos dois campos: contra a proletarização e contra a inevitável banalização promovida pela intelectualidade, que fazia isto para salvar sua pele. E é neste ponto que ele difere de seus pares.

[51] Kurz, Robert. "Filosofia como farsa". In: *FSP*, 9 de julho de 2000, Caderno "Mais!", p. 16-7.

[52] Se não existe mais uma autoridade centralizadora, em termos políticos, o homem pode dar curso às suas próprias experiências (a modernidade capitalista sendo uma delas). É isso pelo menos o que deixa entrever

registro do nacionalismo/antinacionalismo, da democracia/antidemocracia, do liberalismo/aristocratismo, ou seja, no registro político-econômico, que o niilismo também se faz presente. Se o nacional deixa de ser um ponto de apoio para a *Bildung*, e o cosmopolitismo revela-se nada mais que um desejo, Nietzsche terá de encontrar um outro suporte para a cultura/formação.

Bornheim quando afirma que a questão do contrato social "corre paralela ao processo de emancipação do homem burguês. Precisamente: emancipação do quê? Não é descabido afirmar [...] que o principal pressuposto do contrato social está naquilo que mais tarde Nietzsche vai chamar de morte de Deus. Quando o princípio religador que une os indivíduos estabelecendo-os na verdade do fundamento perde vigência, é que pode surgir qualquer coisa como artifício do contrato social" (Bornheim, Gerd. "O conceito de tradição", *op. cit.*, p. 28-9).

EPISTEMOLOGIA DO DOMÍNIO

1. *Genealogia* versus *História*

Marx e Engels tiveram como objetivo em *A ideologia alemã* uma crítica à filosofia alemã (representada por Feuerbach, Bauer e Stirner) e ao socialismo alemão e seus profetas. Esquematizando ao máximo: partindo de uma visão materialista de história, consideravam que o trabalho de desmascaramento da ideologia tinha por objetivo trazer à luz a realidade ocultada e chamar a atenção para os ardilosos mecanismos discursivos mantenedores da dominação de uma classe por outra, dissecando a lógica que os regia. Acreditavam, assim, que a consciência do *modus operandi* da exploração, que identificava todos os sujeitos particulares com uma universalidade abstrata, por meio de valores provenientes de sujeitos pertencentes à classe dominante, que procuravam suprimir as diferenças entre sujeitos e destruir o que lhes é próprio ao operar com prestidigitações universalizantes, levariam ao ultrapassamento desse estado de exploração.

Outra é a maneira pela qual Nietzsche compreende a ideologia. Embora nunca se tenha debruçado sobre este conceito, como Marx e Engels fizeram, fala de como a entendia num parágrafo de *Para além de bem e mal*. Nele, considera que os socialistas (e os que manifestarem toda e qualquer "aspiração de rebanho") fazem parte dos que empregam um discurso ideológico, do qual ele se afastaria, situando-se na extremidade oposta:

> [...] acreditamos que dureza, violência, escravidão, perigo nas ruas e no coração, ocultamento, estoicismo, arte da tentação e diabolismo de toda espécie, tudo o que há de mau, terrível, tirânico [...] serve tão bem à elevação da espécie "homem" quanto ao seu contrário – mas ainda não dissemos o bastante, ao dizer apenas isso, e de todo modo nos achamos, com nossa falta e nosso silêncio neste ponto, na outra extremidade de toda a moderna ideologia [*Ideologie*] e aspiração de rebanho: como seus antípodas, talvez? (§ 44).

As críticas de Nietzsche ao socialismo dirigem-se às idéias baseadas na igualdade entre os homens – idéias estas já presentes nos primórdios do cristianismo no Império Romano, nas revoltas camponesas na Idade Média ou mesmo em obras como a *Utopia*, de Thomas More; dirigem-se ainda, de um modo pouco preciso, ao socialismo chamado de utópico, pré-marxiano, apesar de quase não encontrarmos em seus textos referência aos expoentes desse movimento: Saint-Simon, Fourier, Owen e Proudhon. No que tange à ideologia, as posições do filósofo – malgrado o vocabulário próximo do marxiano – são pouco precisas: advoga para si não a "moderna ideologia", mas uma outra, quiçá mais antiga, ou seja, admite que todo e qualquer discurso é ideológico.

No entanto, os socialistas não se consideravam ideólogos. Para eles não existe um único discurso, com duas faces, que se distanciariam por se localizarem em extremidades opostas. Há sim, de um lado, um discurso que leva em conta as mais variadas imagens dos sujeitos sociais, e, de outro, um discurso que procura abarcar, de forma grosseira, por meio de uma imagem particular que se universaliza, sujeitos sociais pertencentes a realidades multifacetadas, operando, para tanto, com lacunas e reduções. Posições conflitantes, sem sombra de dúvida.

Hodiernamente, utilizando-se do pensamento de Nietzsche, Foucault rechaça essa concepção de ideologia de viés marxiano, fornecendo três razões para tanto: a "primeira é que, queira ou não, ela está sempre em oposição virtual a alguma coisa que seria a verdade". Acredita "que o problema não é de se fazer a partilha entre o que num discurso revela da cientificidade e da verdade e o que revelaria de outra coisa; mas de ver historicamente [entendamos genealogicamente] como se produzem efeitos de verdade no interior de discursos que não são em si nem verdadeiros nem falsos". A segunda razão "refere-se necessariamente a alguma coisa como o sujeito". E, a última, "a ideologia está em oposição secundária com relação a alguma coisa que deve funcionar para ela como infra-estrutura ou determinação econômica, material, etc."[1].

Na trilha de Foucault, poderíamos dizer que as "prestidigitações universalizantes", idéias falsificadoras, que ocultariam as diferenças, não seriam impostas por uma classe dominante, pois os juízos são interpretações, e não a revelação da verdade, que, portanto, interpretar é falsear uma "realidade", e nenhuma objeção pode ser feita a um juízo que, inapelavelmente, sempre será falso (cf. *Para além de bem e mal* § 4). Pouca – ou nenhuma – serventia há em querer identificar os engendradores de discursos falsos, já que, de ambos os lados, vamos encontrar interpretações, ou seja, falsificações.

---

[1] Foucault, Michel. *Microfísica do poder*. Trad. de Roberto Machado. Rio de Janeiro: Graal, 1993, p. 7.

Cada um se acomoda a um tipo de interpretação que considera mais confortável; aceita aquela que, em sua economia de vida, parece-lhe mais adequada. O proletário não seria explorado porque existe um discurso ardiloso que distorce o real e o engana, mas porque aceitou um sistema interpretativo – entre muitos – que mais lhe conveio. "Da ideologia que nasce de um sistema interpretativo", assevera Lebrun, "pode-se dizer, igualmente, que deve enganar os homens, porém sob a condição de se acrescentar que ela os engana segundo os anseios deles – que ela os engana na medida em que sabe confortá-los"[2].

Isso posto, cai por terra a crença de que a consciência (onde estariam os sujeitos?) dos mecanismos de exploração levaria à revolução. Primeiro, porque não há explorados involuntários. Segundo, porque a mudança de uma base terrena não proporcionaria a alteração de um discurso ideológico, pois não há uma "derivação imediata" entre infra-estrutura e "idéias". Qualquer alteração na infra-estrutura teria de passar por um sistema de "transtrocar perspectivas"; teria de ser mediada por um outro sistema de avaliações, isto porque "as 'idéias' não são determinadas pelas condições de existência, mas pela modelagem prévia que as avaliações fazem destas"[3]. Dessa perspectiva, inútil seria desmistificar discursos ideológicos, pois tais discursos nada mais seriam que modos de lidar com um determinado estado de coisas.

Não haveria assim nenhum problema para Nietzsche encarar seu próprio discurso como ideológico, pois o importante é saber apenas de qual avaliação procede a opção por

---

[2] Lebrun, Gérard. *O avesso da dialética. Hegel à luz de Nietzsche*. Trad. de Renato Janine Ribeiro. São Paulo: Companhia das Letras, 1988, p. 165.

[3] *Id., ibid.*, p. 166.

este ou aquele discurso. E como investigar o modo como tudo isso ocorre? Por um golpe de gênio, o filósofo passa a lançar mão daquilo que denomina procedimento genealógico. Sem indagar aqui a maneira como Nietzsche instaura tal procedimento[4], interessa ver que nele a noção de valor torna-se operatória.

> Precisamos de uma *crítica* dos valores morais, *devemos começar por colocar em questão o valor mesmo desses valores* – para isto é necessário um conhecimento das condições e circunstâncias nas quais nasceram, sob as quais se desenvolveram e modificaram (moral como conseqüência, como sintoma, máscara, tartufaria, doença, mal-entendido; mas também moral como causa, medicamento, estimulante, inibição, veneno), um conhecimento tal como até hoje nunca existiu nem foi desejado (*Para a genealogia da moral*, prefácio, § 6).

Com o procedimento genealógico, as críticas de Nietzsche ganham força. Os apontamentos sobre a crítica da noção de ideologia marxiana – tais como estão em Foucault e Lebrun – bem mostram isso. Ferramenta de trabalho perfeita? Aqui é necessário não nos precipitarmos.

Nietzsche enfoca apenas questões morais; não só, é a partir delas que tudo o mais é abordado: política, ciência, arte, religião, etc. Ele não se interessa por posições de classe, mas por interpretações, "códigos culturais através de cujas grades

---

[4] Cf., a esse respeito, o capítulo "O procedimento genealógico: vida e valor", do livro *Nietzsche, das forças cósmicas aos valores humanos*, de Scarlett Marton (Belo Horizonte: Editora UFMG, 2ª ed., 2000, Col. Humanitas).

hermenêuticas as coisas são nomeadas". No limite, considera que todo conflito (até mesmo os de classe) deve ser visto como conflito de interpretações[5].

Ao mostrar que cada interpretação tem como procedência um determinado estado de vida, fundamentado numa moral, o filósofo formula o pensar e o agir em termos de saúde/doença, curva ascendente/descendente, etc. – e tudo nas mais diversas gradações. Em suma, enfatiza os móveis internos do ser humano em detrimento das condições sociopolíticas, completamente ignoradas. E com isso gera lacunas, que, por serem ignoradas, garantem total veracidade aos instrumentos de avaliação.

Por operar com lacunas, o procedimento genealógico (fruto de um discurso que não diz tudo, que não vai até o fim) esvazia toda densidade histórica e faz com que a argumentação do filósofo pareça impecável. Esses *chasms of oblivion* de Nietzsche, presentes no terceiro período de sua obra, são pouco inocentes; são, no limite – e agora dito de uma outra perspectiva –, ideológicos. E cabe serem explicitados.

Antes, no entanto, algumas palavras sobre as razões da presença aqui de Foucault e também de Lebrun. Se os trazemos, não é por serem pensadores de linhagem nietzschiana, mas para chamar a atenção para a "ideologia complementar" que opera tanto na França como na Alemanha. É assim de interesse notar as semelhanças que existem entre os *"maîtres-à-penser"* alemães do século XIX e os franceses do século XX. Tanto uns como os outros tiveram a função de desconversar, de desviar o olhar, de abortar "a gestação de idéias pertinentes sobre questões pertinentes", enquanto o "bloco hegemônico de plantão" encarregava-se de resolver os problemas da

---

[5] Cf. Arantes, Paulo. "Idéias ao léu". In: *Novos Estudos* (25). São Paulo: Cebrap, 1989.

sociedade, com os recursos da "ideologia principal". A ideologia francesa "não se encontra refletida, por um sem-número de idéias truncadas, a falsa consciência das classes dominantes, mas o diagrama variável de uma pseudo-alternativa de subversão global". O mesmo se passou com os "ideólogos alemães": "não tinham parte com o integrismo oficial do país, nem com a norma *Aufklärung* da boa vontade reformista: pelo contrário, alardeavam uma ruptura histórica iminente induzida por um rastilho de *putschs* discursivos. Se nos lembrarmos do que de fato se passava na Alemanha antes de 1848 (e sobretudo depois), não há dúvida de que os 'ideólogos' alemães também falavam, como seus futuros confrades franceses, *'pour que les gens pensent à côté'* [...]"[6].

Isso posto, poderíamos dizer que o procedimento genealógico seria um instrumento de dominação? Caminhemos com vagar. A genealogia é uma "história trabalhando contra a História"[7], isto é, ela é o outro da História hegeliana. Ela é um instrumento que nos propicia averiguar a posição que adotamos em relação às normas de conduta. Ela não nos remete à "utilidade" que tais normas possam ter, mas nos envia à indagação sobre os móveis internos que nos impeliram a aceitá-las como nos sendo as mais "úteis". A genealogia é ainda um instrumento de investigação que nos auxilia na busca das razões pelas quais instituímos certas disposições como necessárias. Assim, o genealogista pergunta-se não pela "utilidade" das normas, mas "contra o que ela(s) foi(ram) constituída(s) como norma(s)"; ele interroga-se sobre aquilo de que, porventura, se protegiam aqueles que assim as instituíram.

---

[6] Arantes, Paulo. "Tentativa de identificação da ideologia francesa". In: *Novos Estudos* (28). São Paulo: Cebrap, 1990, p. 75-6.
[7] Lebrun, Gérard. *O avesso da dialética, op. cit.*, p. 206.

Com o procedimento genealógico, torna-se possível trazer à tona os móveis ocultos que impeliram o homem a adotar determinadas normas, que foram petrificadas pela História; ainda mais, torna-se possível ver a verdadeira face da eticidade dos costumes, não como o mais belo meio que o homem encontrou para sua sobrevivência em comunidade, tal como a História nos relata, mas como uma máquina de terror. Assim, à pergunta do genealogista, "contra o que se constitui uma norma?", ou "de que se protegem aqueles que instituem/fixam tais normas?", podemos dizer que as normas foram fixadas para evitar o medo, a insegurança, a incerteza, as surpresas que um comportamento desregrado pode causar à "boa sociedade" ou a toda "gente de bem". A genealogia desmascara, assim, a História dita Universal, portadora da verdade, e cujo desenvolvimento último é o Estado moderno, pois desnuda as boas intenções da eticidade dos costumes. Ela vem, digamos assim, colocar uma pá de cal sobre a Filosofia da História, pois explicita seus não ditos, qualificando-a como um mito totalitário.

Acontece que, quando Nietzsche passa a manusear o instrumental genealógico, a História já havia caído em descrédito. "O desenvolvimento capitalista, ao produzir a história mundial como resultado histórico, provoca o envelhecimento precoce da 'história mundial filosófica' enquanto forma simbólica de articulação da experiência do 'curso do mundo' que, por seu turno, toma progressivamente a feição de um processo unificado sob a égide da 'razão'"[8]. O filósofo não precisou mover um dedo para a derrisão da História. No rastro da bancarrota revolucionária de 1848, coube a

---

[8] Arantes, Paulo. *Ressentimento da dialética*. São Paulo: Paz e Terra, 1996, p. 373.

Nietzsche apenas dar uma roupagem conceitual, brilhante, digamos, a um fato já consumado. Em suma, a saída de cena da História ocorre concomitantemente com a queda da constelação histórico-social que lhe servia de pressuposto. Com isso, a *intelligentsia*, outrora adepta das grandes sínteses, abandona o bonde da História, e todo o seu cabedal teórico, pois este passou a ser anacrônico para os novos tempos, agora, descaradamente, liberais. Restou a Nietzsche formular o outro da História, a genealogia.

Para tanto foi preciso que o aparato genealógico trabalhasse com um conteúdo hipotético-extemporâneo. Localizado fora do momento presente, sendo mesmo atemporal, e, portanto, fora da história, a argumentação genealógica ganha ares de universalidade, tornando-se inquestionável ao buscar elementos em épocas passadas. A moral do senhor e do escravo, despida de qualquer substrato efetivo (dramático, em termos deleuzianos) que a perpasse, como o Senhor e o Servo de Hegel (exceto em algumas interpretações materialistas, como a de Kojève)[9], estaria – para utilizar uma expressão recente da prosa filosófica francesa – para além de qualquer "grande suspeita".

Observando o procedimento genealógico, mas por outra perspectiva, agora com a ajuda momentânea de Deleuze (pois não queremos aqui discutir a interpretação deleuziana, muito menos adotá-la), podemos dizer que Nietzsche, em *Para a genealogia da moral*, abandona a questão "o que é em favor da pergunta 'quem?'". Que ele não se inquieta mais em saber, por exemplo, "o que é a verdade?", mas "quem quer a verdade?,

---

[9] Cf. Kojève, Alexandre. *Introduction à la lecture de Hegel*. Paris: Gallimard, 1947. Em particular, ver o capítulo V e o apêndice I.

quando e onde, como e quanto?"[10]. Com essa nova interrogação, o filósofo não visa a determinação de um sujeito individual ou coletivo, mas pretende identificar as forças que atuam, ou atuaram, num determinado acontecimento. Assim, introduz um *modus operandi* impessoal, que impede a personificação de seus tipos. Mais ainda, impede que seu pensamento seja posto como individualista. A moral do senhor e do escravo impessoaliza-se, e, ao impessoalizar-se, ao despir-se de qualquer conteúdo concreto, despolitiza-se em nome dos *petits faits*.

Com o declínio da História, os *petits faits* ficam em primeiro plano. A investigação deixa de incidir sobre o todo e o entorno dos indivíduos para enfocar o "interior" do homem. Agora, somente os "fatos íntimos" são acontecimentos de interesse. Os acontecimentos que indicam o caminhar das sociedades são vistos como uma abstração sem sentido; no limite, são considerados falaciosos[11].

Nietzsche sabe que depois de Kant a teoria do conhecimento não é mais possível, tanto que o vemos esvaziar por completo a questão do conhecimento concomitantemente com sua tentativa de pôr abaixo a distinção kantiana entre fenômeno e coisa-em-si. Como decorrência, anula qualquer possibilidade de crítica ao inviabilizar a crítica social; impossibilita, igualmente, a Filosofia da História ao lançar mão da genealogia. Espera, assim, suprimir as fraturas que o novo mercado produtor de mercadorias trazia, e, por extensão, tentar recuperar a *Bildung*. Para tanto, vai operar com algo que podemos denominar epistemologia do domínio.

---

[10] Deleuze, Gilles. "La méthode de dramatisation". *Bulletin de la Société Française de Philosophie*, nº 28, janeiro de 1967 (p. 90-118), p. 95.

[11] Cf. Agulhon, Maurice. *1848 ou l'aprentissage de la République*. Paris: Seuil, 1973, sup., cap. 28, trabalhado em Arantes, Paulo, *Ressentimento da dialética, op. cit.*

2. Conhecimento como vontade de potência

Em seu texto "A época das representações do mundo"[12], Heidegger afirma que com Nietzsche a metafísica moderna se completaria, pondo fim às filosofias da representação. Ainda mais, que a metafísica pensaria o ente em sua totalidade antes de pensar o ser e que a teoria do conhecimento antecederia a ontologia. Acusando Nietzsche de ter sido o último mantenedor do ente como representação, de fazer do conhecimento um ponto central para o pensamento e, por conseguinte, de ter erigido uma epistemologia nos moldes da que havia na tradição – a verdade como adequação entre a representação e o ente representado –, Heidegger tenta mostrar que a representação no mundo moderno encontra dificuldades que outrora não existiam. Não é por acaso que enfatiza, em seu *Nietzsche*, o fragmento póstumo abaixo, como meio de provar que a epistemologia nietzschiana encontra-se num quadro moderno:

> Vontade de potência como conhecimento: não "conhecer", mas esquematizar, impor ao caos tanta regularidade e formas quanto isso possa satisfazer as nossas necessidades práticas. Na formação da razão, da lógica, das categorias, a necessidade foi determinante: não a necessidade de "conhecer", e sim de subsumir, esquematizar para os fins do entendimento, do cálculo [...] (fragmento póstumo 14 [152], da primavera de 1888)[13].

---

[12] Heidegger, M. *Chemins qui ne mènent nulle part*. Trad. de Pierre Klossowski. Paris: Gallimard, 1962, cap. II.

[13] Cf. *idem*. *Nietzsche*. Trad. de Pierre Klossowski. Paris: Gallimard, 1961, v. 1, 3ª parte, p. 431. As mesmas idéias estão presentes num outro fragmento do mesmo período: *"Para uma teoria do conhecimento: apenas*

Nesse fragmento, Heidegger crê encontrar o mais perfeito acabamento da metafísica moderna, pois não haveria como negar que Nietzsche ultrapassa as teorias do conhecimento até então vigentes ao designar, num primeiro momento, o conhecimento como a maneira pela qual a vontade de potência efetiva-se e ao indicar, num segundo, que conhecer é, na verdade, esquematizar, para com isso poder "satisfazer as nossas necessidades práticas". Em outras palavras, Heiddeger tem Nietzsche como o último dos metafísicos por entender "esquematizar" como o modo de operar da epistemologia moderna, embora de forma velada – a vontade de potência está para o esquematismo assim como a vontade de verdade estava para o conhecimento (ou seja, para a imposição de um esquema envergonhado)[14]. Numa palavra, a metafísica moderna seria desmascarada em prol da sua "metafísica" da vontade de potência[15].

---

empiricamente: Não há nem 'espírito', nem entendimento, nem pensar, nem consciência, nem alma, nem vontade, nem verdade: tudo não passa de ficções, que são inúteis. Não se trata de 'sujeito' e de 'objeto', porém de uma determinada espécie de animal que só se desenvolve mediante um relativo *grau de acerto*, sobretudo mediante a *regularidade* de suas percepções (de maneira que possa capitalizar experiências)...
   O conhecimento opera como instrumento de potência. Então é evidente que ele cresce com cada a mais de potência... [...]" (fragmento póstumo 14 [22], da primavera de 1888).

[14] O que estamos querendo dizer com isso? Simplesmente que a vontade de verdade ocultava que seus intentos eram também o de impor algo, o de estabelecer, controlar e dominar por meio de "dogmas". Por ter vergonha de mostrar sua face, procura aparecer isenta de qualquer interesse. Ver, a respeito, Müller-Lauter, W. "Sobre o trato com Nietzsche". In: *FSP*, 9 de outubro de 1994, Caderno Mais!, p. 7.

[15] Müller-Lauter procura "quebrar" a argumentação de Heidegger, mostrando que Nietzsche não pode ser tido como aquele que encerra, por

Heidegger enfatiza assim o caráter impositivo da vontade de potência – ela tem por função *impor* regularidade e dar forma ao caos do mundo, com o propósito de atender às nossas necessidades práticas. Nietzsche teria desmascarado a vontade de verdade, questionando a crença no desinteresse puro e simples pelo conhecimento. Por trás desse desinteresse, haveria uma vontade impositiva que molda o mundo conforme as necessidades de cada um – o que desmascararia a metafísica moderna e permitiria seu ultrapassamento. Ele teria desvendado a metafísica do ente e da representação – mas, nem por isso, saído dela. Conhecer deixa de ser *re-presentar* para ser "esquematizar", impor "regularidade e formas", estabelecer uma relação de domínio.

Para além de saber se Heidegger tem razão ao ser categórico quando afirma que o componente epistemológico em Nietzsche não desaparece com a introdução da doutrina da vontade de potência, retenhamos apenas a importância da ênfase no aspecto da relação de domínio dessa doutrina.

Abramos um parêntese. Comentamos em outro lugar o erro que Lukács via na maneira pela qual Engels acreditava ter refutado a coisa-em-si. Engels recorria à experiência e à indústria para afirmar que, desse modo, chegaríamos a conhecer até as ínfimas partes da matéria, ou seja, teríamos acesso à coisa-em-si, ultrapassando a problemática que ela traz. Lukács apontava o equívoco, lembrando que este conhecimento da matéria advindo da experiência e da indústria não deixaria de ser um conhecimento do fenômeno – a coisa-em-

---

ser o último, a tradição metafísica. Afirma que com a vontade de potência não podemos atribuir qualquer unidade ou universalidade essencial (cf. *idem. A doutrina da vontade de poder*. Apresentação de Scarlett Marton. Trad. de O. Giacóia. São Paulo: Annablume, 1997).

si permaneceria intacta, desconhecida como sempre. Mas o que é o "experimento" e a "indústria" de que nos fala Lukács?

> O experimento é justamente o comportamento contemplativo em sua forma mais pura. Aquele que faz a experiência cria um meio artificial e abstrato para poder *observar* com tranqüilidade e sem obstáculo o jogo das leis, eliminando todos os elementos irracionais e incômodos, tanto do lado do sujeito quanto do lado do objeto. Esforça-se em reduzir, tanto quanto possível, o substrato material de sua observação ao "produto" puramente racional, à "matéria inteligível" da matemática. E quando Engels diz, a propósito da indústria, que o que é assim "produzido" acaba se tornando útil aos "nossos fins", ele parece esquecer por um momento a estrutura fundamental da sociedade capitalista que ele mesmo já havia descrito com clareza insuperável em seu genial ensaio de juventude [...][16].

Surpreendentemente essas pontuações de Lukács sobre o "experimento" e a "indústria" em Engels parecem ir na mesma direção daquilo que nos diz Nietzsche neste fragmento póstumo sobre o conhecimento. Nietzsche não cometeu o mesmo erro que Engels (apontado por Lukács) afirmando que com o "experimento" conheceríamos a coisa-em-si. Mas teria pecado, junto com Engels, num outro ponto. Para Lukács, o mal-entendido "mais profundo de Engels consiste [...] no fato de ele designar como práxis – no sentido da filosofia dialética – a atitude própria da indústria e do experi-

---

[16] Lukács, G. *História e consciência de classe*. Trad. de Rodnei Nascimento. São Paulo: Martins Fontes, 2003, p. 279.

mento", ou seja, Engels teria se esquecido de que na sociedade capitalista trata-se sempre de "'uma lei natural que se baseia na ausência de consciência dos participantes'" – não há sujeito. Por razões de outra ordem, pelo menos aparentemente, a ausência do sujeito no ato de conhecer em Nietzsche não faria par com a ausência do sujeito em Engels?[17]

Feito esse parêntese, formulemos a questão: quem conhece? Há um sujeito cognoscente? Mas o que é conhecer afinal?

> "entrar em relação condicional com algo": sentir-se condicionado por algo e, igualmente, do nosso lado, condicionar – é, pois, em todas as circunstâncias, *constatar, definir, tornar-se consciente de condições* (*não sondar* essências, coisas, "em si") (fragmento póstumo 2 [154], do outono de 1886).

"Vontade de potência como conhecimento." Com esta afirmação, Nietzsche nos diz que existe uma outra forma de conhecer, que há uma outra maneira, diferente da que encontramos na tradição filosófica. Mas não é apenas o modo de conhecer que é outro. O sujeito cognitivo de outrora, que apreendia o objeto com base em faculdades do espírito, deixa de ser aquele que fará esta apreensão. Numa conhecida passagem de *Assim falava Zaratustra*, Nietzsche assevera:

---

[17] Lukács, no prefácio de 1967 a seu livro (p. 18-9 da edição citada), corrige sua interpretação de Engels. Este não mais deixará de ver um sujeito atuando na indústria. De qualquer forma, o "sujeito", tanto em Nietzsche como em Engels, não é o mesmo encontrado na tradição filosófica.

> [...] Eu sou todo corpo e nada além disso; e alma é somente uma palavra para alguma coisa no corpo [...] O corpo é uma grande razão, uma multiplicidade com um único sentido, uma guerra e uma paz, um rebanho e um pastor [...] Instrumento de teu corpo é, também, a tua pequena razão, meu irmão, à qual chamas "espírito", pequeno instrumento e brinquedo da tua grande razão (*Assim falava Zaratustra*, I, Dos desprezadores do corpo).

Não há corpo e alma; há apenas corpo[18]. A alma não é outra coisa senão corpo. Acreditava-se que algo distinto e à parte do corpo o governava; estabelecia-se assim uma dicotomia, alma e corpo, com total privilégio da alma. Mas precisamente é esta visão dicotômica que Nietzsche questiona; esta crença de que somos compostos por substâncias de naturezas distintas. Pequena razão será como ele passará a denominar a antiga alma e seus derivados, faculdade do espírito e sujeito. Grande razão será como ele designará o que se chamava de corpo, substância outrora governada pela alma. E, se o filósofo fala em "razão", é porque considera que tanto a pequena como a grande razão "pensam". Não nos importa neste momento saber os motivos pelos quais a alma foi mais valorizada, nem mesmo os motivos de sua criação e manutenção[19].

---

[18] A esse respeito, ver Marton, Scarlett. "Nietzsche: consciência e inconsciente". In: *O inconsciente: várias leituras* (org.) Felícia Knobloch. São Paulo: Escuta, 1991, p. 27-41.

[19] Neste momento, também não nos importa investigar o caráter *interessado* do conhecimento, pois conhecimento puro não há. A este respeito, ver a detida análise do texto "Do imaculado conhecimento", da segunda parte de *Assim falava Zaratustra*, feita por Gilvan Fogel. *Conhecer é criar. Um ensaio a partir de F. Nietzsche*. São Paulo: Discurso Editorial/Editora da Unijuí, 2003, cap. II (Col. Sendas & Veredas).

Interessa-nos sim ressaltar que alma deixou de ser um termo que designava algo "imaterial", para expressar uma parte – entre várias – constitutiva do corpo.

Atentemos para o fato de que o corpo (esse corpo que vemos e designamos como o do ser humano) é formado por uma multiplicidade de outros corpos que estão em permanente conflito, sem que isto acarrete sua desagregação. Não podemos falar, contudo, em teleologia. A manutenção da unidade, de um todo agregado, não é um fim que se busca, pois não se almeja um *télos*, um fim último já previamente conhecido.

> Pelo fio condutor do corpo nós conhecemos o ser humano como uma multiplicidade de seres vivos, os quais lutando por vezes com uns, outras vezes com outros – e na qualidade de subordinados – afirmam involuntariamente a sua individualidade, ao afirmarem também o todo (*Assim falava Zaratustra*, I, Dos desprezadores do corpo).

Esse algo que conhece e recebe a designação de homem tem assim essa formação corpórea. É por meio da pequena razão que esse conflito expressa-se, que ele ganha contornos exteriores[20]. Por ser "instrumento de meu corpo", com uma função bem específica (diferente da especificidade dos outros corpos que compõem a grande razão), a pequena razão não deixaria de envolver-se nos próprios conflitos que ela expressa.

---

[20] Mas é apenas uma pequena parte de tudo o que ocorre no corpo que se torna consciente. A maioria dos acontecimentos intracorpóreos permanece desconhecida para nós (cf. fragmento póstumo 27 [26], do verão/ outono de 1884, e *A gaia ciência* § 354).

Dessa luta entre as diversas partes do corpo, surgem as que dominam e as que são dominadas. Ou as que comandam e as que são comandadas. Estabelece-se assim uma relação de *Macht* (potência/poder) entre os numerosos seres que compõem nosso corpo.

Feita a crítica à tradição e precisado qual é o verdadeiro "sujeito" que conhece (o corpo), a questão do conhecimento pode ser reformulada.

> Admitindo que "a *alma*" era um pensamento atraente e misterioso, do qual os filósofos justificadamente apenas com relutância se separaram, talvez o que eles aprendam a aceitar doravante seja ainda mais atraente e misterioso. O corpo humano, em que revive e se encarna o passado mais remoto e o mais próximo, através do qual, para além do qual e por cima do qual parece fluir uma corrente enorme e inaudível: o corpo é um pensamento mais surpreendente do que a velha "alma" (fragmento póstumo 36 [35], de junho/julho de 1885).

Apesar dessa mudança, o problema da representação não desaparece quando se desfaz a dicotomia corpo/alma. O corpo é o novo "sujeito", por meio do qual o conhecimento passará a ser possível. Pensar passa a ser a relação dos impulsos corporais entre si, uma relação de potência/poder que entre eles se estabelece (cf. *Para além de bem e mal* § 36). O dualismo sujeito/objeto se manteria intacto, à espera de uma solução?

Em diversas passagens de *Para além de bem e mal*, Nietzsche identifica vontade de potência à vida (cf. § 13, 36, 259). Podemos dizer que com este conceito – e a maneira pela qual ele é apresentado nesses parágrafos – o filósofo expõe sua teoria da vida. Uma teoria que se faz necessária, haja vista a urgência em fornecer à existência algum sentido[21]. Deus está morto e não pode mais proporcionar nenhum fundamento balizador para a vida humana; não há mais um *télos* que nos forneça uma direção. Nem mesmo é possível orientar eticamente a vida devido à ausência de parâmetros morais[22]. Não é à toa que desde seu primeiro escrito publicado, Nietzsche fale de uma "estética da existência"[23], segundo a qual não só a vida, mas também o mundo se justificam "como um fenômeno estético" (cf. *O nascimento da tragédia* § 15). Na falta de uma ética, uma estética. Tampouco é gratuito que o filósofo fale do "trágico pessimismo da força". Sem um ponto fixo e alguma orientação, o caráter trágico da vida se impõe. E ele, Nietzsche, seria o primeiro filósofo trágico (cf. *Ecce Homo*)[24].

---

[21] Cf. *A gaia ciência* § 357: "Ao assim rejeitarmos a interpretação cristã e condenarmos seu 'sentido' como uma falsificação, aparece-nos de forma terrível a questão de Schopenhauer: *então a existência tem algum sentido?*".

[22] Num excelente trabalho em que procura mostrar haver uma ética na filosofia nietzschiana, Azeredo altera o sentido tradicional do termo e fala numa "ética do *amor fati*", que prescindiria de todo e qualquer fundamento. Entendendo que a expressão dos impulsos que comporiam o corpo humano introduz necessariamente uma interpretação deste mundo, a autora encontra na aceitação do que advém – *amor fati*, grosso modo – o respaldo para a afirmação ética. O problema – parece-nos – é que esta ética jamais se universaliza, restringindo-se a um indivíduo particular. (Azeredo, Vânia D. *Da dissolução da metafísica à ética do amor fati: Perspectivas da interpretação em Nietzsche*. Tese de doutorado defendida no Departamento de Filosofia da FFLCH-USP em 2003; a ser publicada, em 2008, com o título de *Nietzsche e a aurora de uma nova ética*).

[23] Não é nessa direção que Foucault caminha em seus últimos escritos?

[24] Lembremos, contudo, que é em *Assim falava Zaratustra* que Nietzsche apresenta pela primeira vez sua doutrina identificada à vida (cf. *Assim*

Na primeira ocorrência da identificação de vontade de potência à vida em *Para além de bem e mal*, Nietzsche contrapõe-se a Espinosa: "Uma criatura viva quer antes de tudo *dar vazão* à sua força – a própria vida é vontade de potência –: a autoconservação é apenas uma das indiretas, mais freqüentes *conseqüências* disso" (§ 13). Não é à toa que Nietzsche fale em "afeto de mando": "todo vivente [...] faz tudo não para se conservar, mas para se tornar mais" (fragmento póstumo 14 [21], da primavera de 1888). Contra o aspecto mantenedor da vida, a sua superação.

Já num outro parágrafo (§ 36) é com Schopenhauer que Nietzsche vai se haver. Ele contrapõe sua doutrina da vontade de potência à doutrina da vontade de vida. Seu antigo mestre entende que a vontade de lutar pela vida leva inevitavelmente ao sofrimento e à dor. Tanto que a negação da vontade acaba por se impor, e a redenção da incessante luta pela vida pode ser encontrada na contemplação artística e no "nirvana". Ele considera a vontade como o em si do mundo. E isto para Nietzsche não passa de uma abstração, pois, a seu ver, não existe uma "vontade". O que há é uma ou múltiplas vontades *de*, no caso, potência[25]. Esse querer potência significa alargar seu espectro de ação. E é nesse sentido que a superação deve ser entendida – uma busca incessante por mais potência, e não pela manutenção do mesmo *quantum* de potência. Dessa maneira, Nietzsche, sem introduzir um novo *telos*, aponta para a "essência" da vida: "a essência mais inter-

---

falava Zaratustra, I, Dos mil e um alvos; II, Da redenção; II, Da superação de si). Atentemos ainda para o fato de que a superação do niilismo é um, se não o principal, desafio do filósofo no livro. Aqui, para tratar do tema, tomamos uma via que difere daquela presente no *Zaratustra*.

[25] Cf. Müller-Lauter, Wolfgang. *A doutrina da vontade de poder, op. cit.*

na do ser é a vontade de potência" (fragmento póstumo 14 [80], primavera de 1888). Com sua doutrina da vontade de potência, ele forneceria esse sentido tão necessário[26].

Até aqui vemos que a doutrina da vontade de potência tem uma importância puramente existencial. Este aspecto vem responder, em última análise, ao desmoronar do edifício teórico, iniciado com a "crise de Kant"[27]. Há, no entanto, outros aspectos dessa doutrina que nos permitem vê-la como uma epistemologia muito peculiar, que distaria das teorias do conhecimento encontradas na tradição[28]. Por essa

---

[26] A esse respeito, escutemos Lebrun. "Quando Nietzsche afirma que a vontade de potência é a 'essência da vida' ou a 'vontade da vida', o que Nietzsche quer, apesar das aparências, é antes de mais nada descartar toda e qualquer pseudo-'essência' da 'vida'. Mais que nunca, utiliza a vontade de potência como analisador das interpretações abusivas e inconscientes que sobrecarregaram 'a vida': como no caso da 'luta pela vida', ou do 'instinto de conservação' que caracteriza o ser vivo. Quando fala em 'vontade de potência enquanto vontade de vida' (*Wille zur Macht als Wille des Lebens*), Nietzsche não quer dizer mais, e sim menos do que na expressão 'querer-viver enquanto vontade de vida'" (Lebrun, Gérard. *O avesso da dialética*. Trad. de Renato Janine Ribeiro. São Paulo: Companhia das Letras, 1988, p. 133). Não concordamos com Lebrun, que compreende a doutrina da vontade de potência (além dos outros principais conceitos da filosofia de Nietzsche) como um analisador. Com isso, a nosso ver, ele esvazia os conceitos, faz do pensamento nietzschiano um mero discurso que dialoga com outros discursos, quando há, na verdade, uma epistemologia de outra ordem sendo construída.

[27] Na verdade, a ausência de um *logos* metafísico ganha tônus depois que Kant critica os conceitos tradicionais que ordenavam o mundo, cósmica e moralmente. Um conhecimento objetivo não é mais possível, nem mesmo uma moral (cristã) com o caráter autônomo da razão.

[28] Cf. Pearson, A. *Nietzsche como pensador político*. Trad. de Mauro Gama e Claudia Martinelli Gama. Rio de Janeiro: Zahar, 1997, p. 63.

razão, ante qualquer objeção contra uma epistemologia, poderíamos retrucar que em Nietzsche as questões não se "concentram sobre 'como é realmente o mundo'", mas sobre os nossos valores e as formas de conhecimento. E poderíamos ainda argumentar que, tanto no caso em que se acredita possível conhecer o real (posição iluminista), como no caso – e aqui encontramos Nietzsche e toda a sua linhagem – em que se julga viável conhecer um *arrière-fonds* por meio dos valores (posição ultra-iluminista), a vontade de saber está presente, uma determinada epistemologia com fins a atender necessidades de cunho prático está em curso. Heidegger teria razão?

Enfatizar o aspecto existencial da doutrina da vontade de potência é acreditar que Nietzsche tenha se voltado apenas para os "efeitos" do niilismo, proporcionado pela ausência de um Deus, e ignorando suas "causas". No entanto, no § 36 de *Para além de bem e mal* são estas "causas" que passam a ser abordadas.

> Supondo que nada seja "dado" como real, exceto nosso mundo de desejos e paixões, e que não possamos descer ou subir a nenhuma outra "realidade", exceto à realidade de nossos impulsos – pois pensar é apenas a relação desses impulsos entre si –: não é lícito fazer a tentativa e colocar a questão de que isso que é dado não bastaria para compreender, a partir do que lhe é igual, também o chamado mundo mecânico (ou "material")?

Com a exposição de sua doutrina, Nietzsche procura pôr fim às posições realistas e idealistas. O realismo procura ser de forma simplista a tradução da "realidade" tal como ela é, intenta ser a interpretação verdadeira do mundo; considera-se neutro, marcado por uma objetividade que permitiria revelar a essência das coisas[29]. "Revelar" é o verbo que devemos utilizar aqui, pois é a crença em entidades substanciais, imutáveis, identificáveis, que permite supor ser possível tal conhecimento da "realidade". O filósofo considera, no entanto, que a "realidade" que os realistas imaginam captar por completo nada mais é que um instante, entre muitos outros, dum trabalho que o "espírito" ou a "faculdade cognitiva" do homem realiza (cf. fragmento póstumo 9 [106], do outono de 1887)[30]. E se assim faz é porque subverte o sentido dos termos "realidade" e "aparência", transformando a aparência na "verdadeira e única realidade das coisas". A aparência deixa de fazer parte de uma dicotomia para afirmar-se como a única "realidade".

> Ora, essa palavra [a aparência] exprime unicamente o fato de ser *inacessível* aos procedimentos e às distinções lógicas: portanto, uma "aparência" se comparada à "verdade lógica" – que somente é possível num mundo

---

[29] Num trabalho em que investiga a maneira pela qual Nietzsche ultrapassa o realismo e o idealismo, André Luís Mota Itaparica ressalta o fato de que o realismo em questão é o realismo da física mecanicista, que se expressa por meio do materialismo a ela inerente. Sobre este ponto, e muitos outros, acompanharemos este elucidativo trabalho (cf. Itaparica, A. *Nietzsche e a tradição filosófica. Para além de idealismo e realismo*. Tese de doutorado defendida no Departamento de Filosofia da FFLCH-USP em 2003).

[30] Cabe assinalar que o mesmo argumento pode ser aplicado aos empiristas. Enquanto os realistas afirmam que podem apreender o ser verdadeiro, os empiristas sustentam que conhecem a partir da apreensão de dados coletados com base na experiência. Se os realistas só conseguem captar um instante entre muitos outros, o mesmo ocorre com os empiristas no que tange à apreensão dos dados.

imaginário. Eu não coloco a "aparência" em oposição à "realidade", ao contrário, eu considero que a aparência é a realidade, aquela em que resiste a toda transformação em um imaginário "mundo verdadeiro" (fragmento póstumo 40 [53], de agosto/setembro de 1885).

Vemos que o termo aparência tem seu significado subvertido: ele é rechaçado enquanto um dos elementos do par dicotômico realidade/aparência. "Aparência" ganha o sentido de mutável e multiforme. E assim ela é, a partir de agora, *a realidade*. Não mais o ser, mas o vir-a-ser[31]. Com isso fica clara a famosa passagem do *Crepúsculo dos ídolos*, "Como o mundo verdadeiro se tornou uma fábula", que já citamos. O mundo aparente que subsistia apenas na correlação com o verdadeiro deixa de existir juntamente com seu outro. A aparência, a nova aparência, é posta no lugar; uma aparência que tem sustentabilidade na visão de mundo do filósofo, que se exprime em sua doutrina da vontade de potência aqui em pauta.

Mas não é apenas o realismo que Nietzsche procura ultrapassar na busca de uma correspondência entre o "sujeito" e o objeto. O idealismo não deixa de ser o outro do rea-

---

[31] Ainda, a respeito, o parágrafo de *A gaia ciência* intitulado "Consciência da aparência" (§ 54) elucida o que o filósofo passa a entender por aparência: "[...] O que é agora, para mim, a aparência? Verdadeiramente, não é o oposto de alguma essência – que posso eu enunciar de qualquer essência, mas sim os predicados de sua aparência? Verdadeiramente, não é uma máscara mortuária que se pudesse aplicar a um desconhecido X e depois retirar! Aparência é, para mim, aquilo mesmo que atua e vive, que na zombaria de si mesmo chega a ponto de me fazer sentir que tudo aqui é aparência, fogo-fátuo, dança de espíritos e nada mais [...]".

lismo. Contra o idealismo, o filósofo propõe-nos um "sensualismo". Conforme nos diz a esse respeito num parágrafo de *A gaia ciência* intitulado "Porque não somos idealistas":

> Houve tempo em que os filósofos temeram os sentidos: teríamos nós talvez – desaprendido demais esse temor? Hoje somos todos sensualistas, nós, homens do presente e do futuro na filosofia, *não* conforme a teoria, mas na prática, praticamente... (§ 372).

Nietzsche não quer com isso afirmar que assume a posição contrária ao idealismo. A recusa de que se possa ter acesso ao em si das coisas não viria a ter uma saída por meio do sensualismo. Mas somos, nós, homens modernos – diz Nietzsche –, sensualistas de uma outra maneira. Não mais acreditamos que através dos sentidos chegaremos à verdade das coisas; temos, isto sim, "o sensualismo ao menos como hipótese reguladora, se não como princípio heurístico" (*Para além de bem e mal* § 15).

E é no bojo dessa mudança ou desconstrução dos significados dos termos que Nietzsche elabora um novo conceito visando a ultrapassar o par realismo/idealismo, isto é, as teorias do conhecimento então existentes. Partindo de sua "hipótese reguladora" ou de seu "princípio heurístico" propõe uma outra aproximação da realidade.

> Eu não coloco a "aparência" em oposição à "realidade". Ao contrário, considero que a aparência é a realidade [...]. Um nome preciso para esta realidade será "vontade de potência", assim designada a partir de sua estrutura interna, e não a partir de sua natureza proteiforme, inapreensível e fluida (fragmento póstumo 40 [53], de agosto/setembro de 1885).

Sem a dicotomia realidade/aparência, é a realidade, essa nova realidade que é objeto de conhecimento – uma "realidade processual"[32] –, não mais um ser, não mais um objeto uno e imóvel a ser conhecido, mas um vir-a-ser. No entanto, é-nos lícito conhecer apenas a "realidade de nossos impulsos". E o conhecimento só poderá ocorrer se toda a realidade tiver a mesma forma, ou for da mesma natureza, isto é, tiver a forma da vontade (uma velha questão da filosofia moderna estaria sendo reeditada em outros termos?)[33]. Atuando a vontade sobre outras vontades, numa relação de "causas" e "efeitos", a realidade se constitui, e o conhecimento se faz. Mas de que maneira? Ainda mais: como conhecer o mundo externo ao corpo?[34]

---

[32] Continuamos seguindo o trabalho de Itaparica, André, *op. cit.*

[33] A vontade atuaria sobre vontade – e numa luta sem término nem *télos*. A esse respeito: "Mandar e obedecer: o corpo. A vontade mais forte dirige a mais fraca. Não existe outra causalidade a não ser a da vontade contra a vontade" (fragmento póstumo 35 [15], de maio/julho de 1885). Ou ainda: "'Vontade', é claro, só pode atuar sobre 'vontade' – e não sobre 'matéria' (sobre 'nervos', por exemplo-): em suma, é preciso arriscar a hipótese de que em toda parte onde se reconhecem 'efeitos', vontade atua sobre vontade – e de que todo acontecer mecânico, na medida em que nele age uma força, é justamente força de vontade, efeito de vontade" (*Para além de bem e mal* § 36).

[34] Num trabalho em que procura mostrar que é por um esquematismo diferente do kantiano que o conhecimento em Nietzsche se realiza, António Marques considera que a função epistêmica do corpo será sempre, e inevitavelmente, por uma representação (agora a partir de bases corpóreas). E é pela via da interpretação, entendida como o postular de "uma força exterior envolvente e que eu sinto como afecção, a partir do tecido de forças de meu corpo", que essa epistemologia corporal distaria da maneira pela qual o conhecimento ocorre em Kant. Acreditamos que Marques chega a essa conclusão porque se limita ao aspecto

A vontade de potência *interpreta*: quando um órgão toma forma, trata-se de uma interpretação; a vontade de potência delimita, determina graus, disparidades de potência. [...] Na verdade, *a interpretação é um meio de ela mesma se tornar senhora de alguma coisa. O processo orgânico pressupõe um eterno* interpretar (fragmento póstumo 2 [148], do outono de 1885/outono de 1886).

Essa interpretação não é feita com base em algo externo ao interpretante. Se isto é facilmente compreensível quando analisamos o corpo, no tocante ao mundo externo, tudo indica que uma interpretação só poderia ocorrer se viesse de fora. E é aqui que Nietzsche oferece-nos uma nova abordagem da epistemologia que vigorou na tradição e até então era considerada. Sujeito e objeto não são de naturezas diferentes. A doutrina da vontade de potência não se restringe ao mundo orgânico, do qual o corpo faria parte; abrange também o inorgânico[35]. Dessa maneira, o conhecimento é sempre interno, nunca efetuado a partir de uma perspectiva exterior,

---

orgânico da vontade de potência (cf. Marques, António. *A filosofia perspectivista de Nietzsche*. São Paulo: Discurso Editorial/Editora Unijuí, 2003, Col. Sendas & Veredas).

[35] É com sua teoria das forças que Nietzsche pôde fazer a passagem do nível orgânico para o inorgânico. Se a vontade de potência referia-se apenas à vida orgânica, agora passa a dizer respeito a tudo o que existe. Cf. a obra seminal de Scarlett Marton, *Nietzsche: Das forças cósmicas aos valores humanos, op. cit.*, cap. I. É neste livro que encontramos a principal leitura cosmológica de Nietzsche. Nada mais, nada menos, a autora visa a mostrar como o filósofo enlaça as ciências da natureza e as ciências do espírito. Chamamos aqui atenção para o primeiro capítulo do livro – que há pouco citamos – *Nietzsche, das forças cósmicas aos valores humanos*, de Scarlett Marton, indispensável quando se quer abordar a doutrina da vontade de potência.

ou seja, deixa de existir, como se acreditou, um interior e um exterior. Ainda mais, se é por meio de uma luta interna ao corpo que um determinado impulso dominante impõe sua interpretação (e valores se expressam), não ocorrerá nada de diferente neste "organismo" maior, composto de partes orgânicas e inorgânicas, que Nietzsche denomina mundo[36]. É com base em uma cosmologia que se assentará a tentativa nietzschiana de ultrapassar o legado da tradição.

> Uma "coisa em si" é algo tão louco quanto um "sentido em si" [*Sinn an sich*], uma "significação em si". Não há nenhum estado de "fato em si" [*Thatbestand an sich*], *mas é preciso que sempre e primeiramente um sentido seja introduzido, para que possa haver um estado de fato* [...] (fragmento póstumo 2 [149], do outono de 1885/outono de 1886).

> Não se tem o direito de perguntar: "quem interpreta?", mas o próprio interpretar, enquanto forma da vontade de potência, existe como afeto (não como ser, mas como processo, como vir a ser) (fragmento póstumo 2 [151], do outono de 1885/outono de 1886).

Nietzsche não se pergunta mais pelas condições de possibilidade do conhecimento por meio das faculdades do espírito – isto não faria mais sentido, pois as oposições sujeito/objeto e fenômeno/coisa-em-si caíram por terra[37]. Por trás de

---

[36] E é por esta via que não poderíamos dizer, nos moldes dos materialistas, que a matéria molda o pensamento; tudo depende da relação de domínio da situação.
[37] Cf. *A gaia ciência* § 354: "Não é, como se adivinha a oposição de sujeito e objeto que me importa aqui: deixo essa distinção para os teóricos

um conhecimento há lutas de determinados impulsos: de "forma de vitalidade, da decadência, das classes, das raças, etc.". Cada impulso tem sua "finalidade", tem sua "verdade" – não há uma "teoria pura", que não vise nada além da própria teoria.

> O assim chamado *impulso cognitivo* [*Erkenntnisstrieb*] é explicável por uma *tendência de apropriação e de dominação*: de acordo com esse impulso foram desenvolvidos os sentidos, a memória, os impulsos, etc. (fragmento póstumo 14 [142], da primavera de 1888).

Teoria e prática deixam de estar em pólos opostos, desaparecendo o que as diferenciava. O impulso teórico visa apenas interesses práticos para apropriar e dominar. Inscrevendo o conhecimento numa perspectiva fisiológica e genealógica, Nietzsche subverte o sentido do conhecimento: não mais para simplesmente conhecer, mas para dominar, ou se quisermos, para apropriar.

3. A "grande política": uma solução pré-moderna

São de conhecimento de todos as reservas de Nietzsche para com a política – um apolitismo, e não um antipolitismo. Traço comum de todo "bom" alemão, que não acreditava ser a política a melhor via para levar a humanidade a um pata-

---

do conhecimento, que ficarão presos nas malhas da gramática (a metafísica do povo). E nem é bem a oposição entre 'coisa em si' e fenômeno: pois estamos longe de 'conhecer' o bastante para sequer podermos *separar* assim".

mar superior[38]. Crença oposta é a de Hegel (até mesmo partilhada por seus opositores materialistas), que advogava a idéia de que o "Estado é o alvo supremo da humanidade e de que não há para homem nenhum dever superior ao de servir ao Estado" (*Terceira consideração extemporânea* § 4). Nietzsche

---

[38] Não é diferente, por exemplo, a posição de Schiller no tocante à política. O pensador considera o problema político um problema moral. Pensa ainda que é equivocado agir de acordo com as normas de um Estado moral, pois este estabelece determinações que não condizem com o que existe atualmente de fato, determinações que quiçá deverão existir apenas no futuro. Discorda assim de Platão, Kant ou Marx, para quem uma boa constituição poderá criar cidadãos e uma sociedade justa. A direção deveria ser a inversa – do cidadão moralmente correto para o Estado moral. E, para Schiller, essa educação deve ser uma educação estética (cf. Schiller, F. *Cartas sobre a educação estética do homem*, trad. de Roberto Schwarz. São Paulo. EPU, 1992, p. 41). Lembremos que ele escreve as *Cartas* tendo como pano de fundo a Revolução Francesa (1789). E que Nietzsche redige o *Nascimento da tragédia* durante a Guerra Franco-Prussiana (1870-1). Esses fatos já indicam, por si mesmos, as posições semelhantes dos dois pensadores em relação à política. Sobre os pararelos entre Nietzsche e Schiller, sobretudo a saída através da estética para a política, ver Martin, Nicholas. *Nietzsche and Schiller: Untimely Aesthetics*. Oxford: Clarendon Press, 1996. Indo além, Paul Geyer argumenta num texto que todos os *insights* de Nietzsche já se achavam prefigurados em Schiller, até mesmo uma "ética" que iria para além de bem e mal (cf. Geyer, Paul. "Nietzsche und Schiller". *Preussische Jahrbücher*, 102, 1900, p. 403. E em seu livro *Schiller und Nietzsche als Verkünder der tragischen Kultur*, Gaede compara a idéia de *Menschheit* de Schiller com a de *Übermensch* de Nietzsche (Berlim: Alexander Dunker, 1908). No entanto, a partir de 1876, Nietzsche faz claramente restrições a Schiller (ver, por exemplo, *Crepúsculo dos ídolos*, Incursões de um extemporâneo, § 16). Enquanto Schiller prefere, em seus escritos de estética, um ideal de harmonia, Nietzsche trabalha com a noção de *agon*; enquanto o primeiro se volta para a Idade de Ouro grega, o outro tem como referência a pré-socrática.

se oporia à política como tábua de salvação por conta da roupagem moderna desta: a revolução iluminista, a ascensão do Estado moderno, a democracia, o socialismo, e assim por diante[39]. E isso porque a política, assim como a democracia, mantinham estreitos laços com o cristianismo, ou seja, a política parece ser posta no lugar do religioso, que havia caído em descrédito. Na falta do poder religioso para conduzir a humanidade, o político seria proposto:

> A ilusão política da qual sorrio do mesmo modo que os contemporâneos sorriem da ilusão da religião de outros tempos, é antes de tudo *mundanização*, a crença no *mundo* e o tirar da cabeça "além" e "ultramundo". Seu alvo é o bem-estar de indivíduos *fugazes*: por isso o socialismo é seu fruto, isto é, os indivíduos *fugazes* querem conquistar sua felicidade, por associação (fragmento póstumo 11 [163], da primavera/outono de 1881).

Mas Nietzsche sempre chamou a atenção para o equívoco de apostar-se no político. Além de posicionar-se no espaço deixado pela derrocada da transcendência, a política teria como seus alvos o socialismo ou o liberalismo[40] comprometidos com um estar no mundo voltado somente para as

---

[39] Nessas questões de ordem política, muitos são os interlocutores de Nietzsche: de um lado, Rousseau (crítica da noção de justiça e igualdade) e Maquiavel (elogio do "maquiavelismo puro e cru"); de outro, Stuart Mill, Spencer (crítica do utilitarismo sociopolítico) e Dühring (crítica da nacional-economia) (cf. fragmento póstumo 11 [54], de novembro de 1887/março de 1888).

[40] Para Nietzsche, socialismo e liberalismo são faces de uma mesma moeda. Ambos conduzem o homem à moral de rebanho (cf., por exemplo, *Crepúsculo dos ídolos*, Incursões de um extemporâneo, § 38).

riquezas materiais[41]. É por essa razão que ele irá considerar o Estado o antagonista da única via que poderá levar a humanidade para um patamar mais elevado ou para o surgimento de um tipo superior de homem, a cultura[42] (cf. *Crepúsculo dos ídolos*, O que falta aos alemães, § 4 e § 5). A aposta está sim no homem, num novo homem.

Demonstrar a *necessidade* de que a um emprego sempre mais econômico de homem e humanidade, a uma sempre mais firmemente intrincada "maquinaria" de interesses e rendimentos pertence um *contra-movimento*. Eu o designo como *extração de um excedente de luxo da humanidade*: nele deve vir à luz uma espécie *mais forte*, um tipo mais elevado, que tem condições de surgimento e de conservação diferentes das do homem mediano. Meu conceito, minha *alegoria* para este tipo é, como se sabe, a palavra "Além-do-homem" [*"Übermensch"*][43].

---

[41] Cf. *Assim falava Zaratustra*, I, Do novo ídolo: "Vejam esses supérfluos! Eles adquirem riquezas e só se tornam mais pobres. Eles querem o poder e, antes de tudo, a alavanca do poder, muito dinheiro – estes incapacitados".

[42] Essa é uma das questões que, na filosofia de Nietzsche, recebem sempre o mesmo tratamento: das *Considerações extemporâneas*, passando por *Humano, demasiado humano*, e chegando ao terceiro período da obra, já a partir de *Assim falava Zaratustra*, Estado e cultura são vistos como antagonistas.

[43] Fragmento póstumo 10 [17], do outono de 1887. Ou ainda: "O eu primeiramente no rebanho. Inverso disso: no além-do-homem o tu de muitos eus de milênios foi tornado um" (fragmento póstumo 4 [88], de novembro de 1882/fevereiro de 1883). Assim como a "grande política", o além-do-homem não deixaria de ser – como estamos vendo – uma idéia pré-moderna.

Como possibilitar o surgimento desse novo homem? Se a política é adversária da cultura, se com ela o ser humano afundará num estado de decadência cada vez maior, é com a "grande política" que a cultura poderá florescer e elevar o homem. Agora, "o tempo da pequena política chegou ao fim: já o próximo século traz a luta pelo domínio da Terra – a compulsão à grande política" (*Para além de bem e mal* § 208). É certo que não podemos entender este conceito nietzschiano separado do projeto da transvaloração dos valores, de onde ele extrai todo o seu sentido. Mas podemos caracterizá-lo fazendo um contraponto com as "idéias modernas". Não como uma *lunette d'approche*, apenas para se ter um outro olhar sobre o mundo moderno (como os conceitos nietzschianos são lidos por Lebrun); nem mesmo para utilizar as idéias provenientes de tal contraposição como caixa de ferramentas (como faz Foucault). A "grande política" é um conceito a que se deve atribuir toda a gravidade, pois está solidamente embasado na doutrina da vontade de potência.

Num fragmento póstumo, Nietzsche faz algumas pontuações sobre a "grande política". Na primeira delas, assevera:

> [...] a grande política quer tornar a fisiologia senhora sobre todas as outras perguntas; ela quer criar um poder suficientemente forte para cultivar a humanidade como um todo e como algo superior, com impiedosa dureza contra a degenerescência e o parasitário na vida, – contra aquilo que corrompe, envenena, calunia, faz perecer... e vê na destruição da vida o desenho de uma espécie superior de almas [...] (fragmento póstumo 25 [1], de dezembro de 1888/início de 1889).

Neste fragmento, o filósofo expõe como alvo da "grande política" cultivar a humanidade para torná-la forte de modo que possa suplantar tudo aquilo que conduz à decadência instintual. Não é à toa que em sua segunda pontuação traga o sacerdote cristão e o apresente como "a mais viciosa espécie de homem". E que na terceira fale em dar "um fim impiedosamente a tudo o que é degenerado e parasitário". São, de uma maneira ou de outra, as mesmas questões que havia trabalhado um ano antes em seu livro *Para a genealogia da moral*. Queremos dizer com isto que a "grande política", ao que tudo indica, é mais uma das peças de seu projeto genealógico.

Num fragmento póstumo de 1887, Nietzsche assevera que não temos como retornar à natureza, pois "nunca houve uma humanidade natural". Ainda mais, que o homem chega à natureza "depois de longo combate – ele nunca volta para 'trás'... A natureza: isto é, ousar ser amoral como a natureza" (fragmento póstumo 10 [53], do outono de 1887). Em seguida, indica qual sociedade é "mais natural", que relação ao conhecimento, à moral, à natureza, à arte é "mais natural". E o que nos interessa mais de perto neste momento, que a "posição nossa *in politicis*" é "mais natural". No que ele afirma: "vemos problemas de potência/poder, do *quantum* de potência/poder contra outro *quantum*. Não cremos num direito que não repouse sobre a potência/poder de impor: sentimos todos os direitos como conquistas" (*idem*).

E as questões políticas elas mesmas? Essas fazem parte da "pequena política". Democracia, liberdade, liberalismo: móveis decadentes, de procedência cristã, promotores do niilismo, que serão criticados pela via moral.

Para Nietzsche, a saída do imbróglio que assinalamos várias vezes se dá por meio de uma epistemologia que não somente ataca problemas da teoria clássica do conhecimento, mas também concorre para um outro trato da questão política. A teoria do conhecimento, máquina de gerar niilismos[44], que havia encurralado o homem no seu saber teórico, é substituída por uma epistemologia incorporadora, pronta para tornar-se uma teoria da dominação. Uma epistemologia do domínio, que, sem vacilar, suplanta o materialmente dado para qualificá-lo como insignificante. Não é assim sem razão que a saída pré-moderna para as cisões engendradas pela modernidade ilustrada – esfacelamento do homem em todos os seus registros de vida – vá desembocar naquilo que Nietzsche nomeia "grande política".

---

[44] Afinal, o que é o niilismo, senão "a vontade de poder [potência] às avessas, já que instala o nada no cerne dessa vontade, num esforço aparentemente vitorioso de atrofiá-la"? Cf. Bornheim, G. "O conceito de tradição". In: Bosi, A. (org.). *Cultura brasileira. Tradição, contradição*. Rio de Janeiro: Zahar/Funarte, 1987, p. 28.

EM BUSCA DE UM LUGAR AO SOL

1. *A verdadeira nacionalidade de Sócrates*

As principais transformações que abalavam as estruturas sociais e econômicas do Ocidente europeu não atingiam a Alemanha. Ou melhor, foram muito limitadas, restringindo-se à Reforma e ao disciplinamento e punições dos camponeses revoltosos. A nação alemã acabou então por vegetar num equilíbrio social estático apoiado na base de uma pequena burguesia estratificada e retrógrada, composta por príncipes soberanos, burocratas, senhores rurais e um campesinato preso à gleba. Fechada em copas, ela pôde ver surgir em seu seio, principalmente nos ciclos intelectualizados, a famosa "interioridade alemã". Ainda mais, longe das questões políticas, preveniu-se contra a potencialidade revolucionária em seu território, haja vista que as revoluções estavam na ordem no dia na França e Inglaterra.

Podemos dizer que esse "atraso alemão" e a aversão pelos movimentos revolucionários que o acompanhava tinham, por parte do pequeno burguês filisteu, uma razão bem simples: o temor de que seu *status quo* mesquinho fosse alterado. Tendo em vista esse quadro, não nos é difícil imaginar então o impacto que a Revolução Francesa teve sobre o idealismo alemão.

O idealismo alemão foi considerado a teoria da Revolução Francesa. Isto não significa que Kant, Fichte, Schelling e Hegel tenham elaborado uma interpretação teórica da Revolução Francesa, mas que, em grande parte, escreveram suas filosofias em resposta ao desafio vindo da França à reorganização do Estado e da sociedade em bases racionais, de modo que as instituições sociais e políticas se ajustassem à liberdade e aos interesses do indivíduo. Apesar de sua severa crítica ao Terror, os idealistas alemães saudaram unanimemente a Revolução, considerando-a o despontar de uma nova era, e, sem exceção, associaram seus princípios filosóficos básicos aos ideais que ela promovera[1].

Não por acaso que, para Hegel, a Revolução estabelece o poder definitivo da razão sobre a realidade, a ponto de poder governá-la (mas isto não serviria para esvaziar conteúdos revolucionários?)[2]. Importa notar que a "razão" com a qual

---

[1] Marcuse, Herbert. *Razão e revolução. Hegel e o advento da teoria social.* Trad. de Marília Barroso. São Paulo: Paz e Terra, 1998, p. 17.

[2] Cf. *id., ibid.*, p. 20. Também, a esse respeito, cf. passagem de *Lições sobre a história da filosofia*: "[...] Desde que o sol se encontra no firmamento e que os planetas giram em seu redor, não se vira ainda o homem se colocar de cabeça para baixo, isto é, fundar-se sobre a Idéia e construir a realidade de acordo com ela. Anaxágoras foi o primeiro a dizer que o *nous* governa o mundo, mas é somente agora que o homem chegou a reconhecer que o pensamento deve reger a realidade espiritual [...]" (Hegel. *Leçons sur la philosophie de l'histoire.* Trad. de Gilbelin. Paris: J. Vrin, 1970, p. 223-9). Num texto publicado na *Revue des Deux Mondes*, Heine caminha na mesma trilha. "meus caros vizinhos franceses", "não riam do poeta fantástico que espera no mundo dos fatos a mesma revolução que se opera no mundo do espírito. O pensamento precede a ação como o relâmpago, o raio". Com ironia, Nietzsche diz

os alemães tiveram de se haver teve procedência estrangeira. Elemento estranho, que, no entanto, acabou por receber configurações próprias em território alemão.

Nietzsche, por sua vez, num momento posterior, ficará ao lado daqueles que tomaram distância da Revolução Francesa e, por conseguinte, tiveram uma posição crítica da razão. No entanto, devemos ser cautelosos, e confrontá-lo com as questões candentes de seu entorno para não o classificar apressadamente como um pensador "irracionalista"[3]. Isto porque um *cálculo* muito preciso – que só poderia ter sido feito "racionalmente" – orientou suas "escolhas" políticas.

No âmbito do *Nascimento da tragédia*, encontramos o mito – suposto antagonista da razão – com a função de, por meio da arte de Wagner, abrir a consciência moderna para as experiências arcaicas. Tanto que a figura aqui muito presente e criticada, que encarnaria a razão, é Sócrates. Nietzsche teria, em detrimento de um pensamento racional, optado por um pensamento mítico? A resposta a esta questão é negativa. Vejamos.

Nada autoriza-nos a afirmar que os mitos não faziam parte de um pensamento estruturado logicamente, por não ter a razão como seu centro organizador. Todo e qualquer discurso, mítico ou não, obedece sempre a uma estrutura lógica que o organiza, estrutura essa ancorada num determinado

---

que essa "revolução do espírito" nada mais é que um desses acontecimentos que acontecem a "passo de pomba".

[3] Razão *versus* desrazão: essa é uma oposição que em Nietzsche só tem interesse se tratada no âmbito da teoria do conhecimento. A esse respeito, ver Wolff, Francis. "A razão em Nietzsche". In: *Kriterion*, 74-75. Belo Horizonte: Departamento de Filosofia da Faculdade de Filosofia e Ciências Humanas da UFMG, 1985.

nível do desenvolvimento social de uma comunidade[4]. O traço que diferenciaria um sistema racional de pensamento e um sistema mítico seria sua dependência ou não de crenças *a priori*[5]. Nietzsche inclina-se por um sistema de pensamento que privilegia o mito. Por considerar que o pensamento racional é portador, em germe, das cisões que só apareceriam com toda a sua virulência no século XVIII[6]. Assim, não é possível dizer que, no período de *O nascimento da tragédia*, ou depois dele, Nietzsche teria abandonado o pensamento regido pela lógica, em nome de uma desrazão ou de um irracionalismo estetizante[7]. Ele critica Sócrates por personificar esse sistema de pensamento que teria levado a cultura/civilização à derrocada, por ter "fraturado", cindido todo o Ocidente (cf. *O nascimento da tragédia* § 18), mas não o critica para atacar a estrutura lógica da qual todo pensar, mítico ou não, depende[8].

Ao assinalar que as cisões modernas já estavam presentes no momento mesmo em que o pensamento racional passou a predominar, Nietzsche mostra que, a partir daí, desen-

---

[4] Cf. Kurz, Robert. "Filosofia como farsa". In: *Folha de S.Paulo*, 9 de julho de 2000, Caderno Mais!, p. 16-7.

[5] Cf. Wolff, Francis. "Nascimento da razão, origem da crise". In: Novaes, Adauto (org.). *A crise da razão*. São Paulo: Companhia das Letras, 2002.

[6] Lembremos aqui no primeiro excurso ("Ulisses ou mito e esclarecimento") da *Dialética do Esclarecimento*, de Adorno e Horkheimer que caminha nessa direção (Rio de Janeiro: Jorge Zahar, 1985, p. 53 e segs.).

[7] Como faz Habermas em seu *Discurso filosófico da modernidade* (Trad. de Ana Maria Bernardo e outros. Lisboa: Publicações Dom Quixote, 1990, cap. IV). Cf. também Habermas, J. *Conhecimento e interesse*. Trad. de José Nicolau Heck. Rio de Janeiro: Zahar, 1982, último capítulo.

[8] Encontramos crítica semelhante no *Crepúsculo dos ídolos* (em particular, no capítulo "O problema de Sócrates"), embora articulada a um outro quadro conceptual.

cadeou-se uma ensandecida busca pela verdade por meio da razão. Mais ainda, que foi essa intransigência em relação à verdade que esgotou toda a potencialidade de uma procura racional. Ou seja, a vontade de cada vez mais verdade levou a razão a impor-se limites. E aqui está a importância de Kant e Schopenhauer: eles teriam dado um basta a esta corrida sem precedentes pela verdade racional; teriam imposto limites ao conhecimento, que então deixou de ser extensivo ao infinito, de ser total ou absoluto, pelo menos até Hegel. Donde decorre que, não mais podendo haver um conhecimento racional de Deus, a existência fica à deriva.

Em "Sócrates e a tragédia"[9], Nietzsche formula uma questão que se tornará central em *O nascimento da tragédia*: "como e por que o herói trágico acaba por transformar-se em um dialético?" Com Sócrates e Eurípides, a tragédia tornou-se objeto de uma "estética racionalista". A concepção trágica do mundo não mais a direciona, tanto que, a partir da lei socrática, "tudo tem de ser *consciente*, para ser bom", ou seja, tudo tem de ser elaborado no nível da consciência, racionalizado (cf. *O nascimento da tragédia* § 12). E, como conseqüência disso, a criação artística perde seu caráter "espontâneo".

> Em todas as naturezas produtivas o inconsciente produz cabalmente um efeito criador e afirmativo, enquanto a consciência comporta-se de um modo crítico e dissuasivo. Nele, o instinto converte-se em crítico, a consciência em criador (*O nascimento da tragédia* § 12).

---

[9] Conferência proferida em 18 de fevereiro de 1870, em Basiléia, na qualidade de professor catedrático. Na verdade, um escrito preparatório para *O nascimento da tragédia*.

Mudança de porte: com esse aspecto "crítico e dissuasivo" da consciência, Sócrates altera pela base o processo da criação artística. A arte deixa de ser fruto de uma emanação do inconsciente, para ser resultado de um trabalho que envolve instâncias da razão. Sócrates aniquila, dessa maneira, o drama musical, fazendo com que os personagens da tragédia acabem por perecer, não com o trágico, mas com a presença sufocante da razão. O diálogo domina toda a trama, relegando a música ao segundo plano.

> Está realmente morto o drama musical, morto para sempre? [...] Esta é a pergunta mais séria de nossa arte: quem não compreender como germano a seriedade desta pergunta é vítima do socratismo de nosso tempo (*O nascimento da tragédia* § 12).

Agora, assevera Nietzsche, somente o que puder ser preso numa trama conceptual articulada dialeticamente terá direito à existência. Num fragmento póstumo do último período de sua obra, que acompanha essa sua argumentação, ele diz:

> Por que esta ostentação de razões? Na realidade, por que demonstrar? Contra os outros, dispunha-se da autoridade... Entre si, *inter pares*, contava-se com a tradição que é também uma autoridade, e "compreendiam-se" no final das contas. Não havia lugar para a dialética (fragmento póstumo 8 [12], do outono de 1888).

Nessas alturas, já não faz sentido perguntar se Nietzsche rechaça ou não a razão, visto que é uma determinada modalidade de pensamento, o dialético, que o filósofo sempre pôs em causa. Indo mais diretamente ao ponto: ele está pensando na Alemanha quando aborda a dialética socrática. Não é à toa que termina sua conferência, "Sócrates e a tragédia", indagando sobre a relação entre a arte e a comunidade, de um lado, e o drama musical e a Alemanha, de outro, além de se perguntar por essa nova figura que veio substituir os pessimistas, os novos "otimistas".

E quem são esses novos "otimistas"? Para uma resposta a esta questão, comecemos por acercar-nos de Platão[10]. Poderíamos dizer que Nietzsche limita-se a criticar a vertente exotérica da filosofia platônica, isto é, a doutrina dos dois mundos, vistos como engendradores de pólos distintos e separados um do outro, em que o mundo sensível se oporia ao mundo inteligível[11]. Nietzsche, no entanto, parece não levar em conta a dialética, presente na vertente esotérica, que promoveria uma síntese desses dois pólos[12]. *Grosso modo*, ele parece ser adepto da dialética negativa, de uma dialética sem síntese, nos moldes daquela dos frankfurtianos.

Em *O sofista*, Platão assevera que a dialética, que tem como resultante a grande síntese, é o meio pelo qual a filosofia se processa. E tal síntese não seria fruto, como faz entender

---

[10] Façamos uma observação de grande importância. Em cursos do inverno de 1871-2, do inverno de 1873-4 e do verão de 1876, Nietzsche apresenta Platão como um escritor moderno, cujos escritos teriam alvos políticos. Platão não defenderia uma nova visão de mundo, mas sim teria envidado esforços para mudar o mundo; ele seria um *agitatorischen Politiker*. Nietzsche discute ainda, com vagar, toda a literatura recente sobre Platão: Tennemann, Schleiermacher, Ast, Socher, Stallbaum, H. Ritter, C. Fr. Hermann, Zeller, Steinhart, Susemihl, Suckow, Munk, Bonitz, Überweg, H. v. Stein, Schaarschmidt, Grote.

[11] E é com base nessa sua visão sobre a filosofia platônica que a metafísica vai ser entendida. Há metafísica quando o mundo, cindido em dois, pauta-se exclusivamente por um dos lados – o sensível ou o inteligível.

Trasímaco, no *Górgias*, da força do mais forte. Seria sim resultante da virtude. E o que é a virtude? É aquilo que deve ser, e não aquilo que é. E o que deve ser é o que deve ser atingido como ideal. A própria síntese dialética reinstauraria os dois mundos, produzindo uma dialética negativa – a virtude necessitaria novamente dessa divisão para manter-se como virtude, pois somente num mundo inteligível ela se fundamentaria.

É de interesse notar que, se a dialética de Platão recebe um tratamento tácito, a aristotélica fica completamente fora do horizonte nietzschiano[13]. E qual seria a razão disto? Aristóteles é um analítico; não se importa, ou melhor, desconsidera o movimento dialético, pois não seria a seu ver possível predicar o mesmo sujeito de modos diferentes: a existência de uma tese e de uma antítese não seria, assim, possível. Em Aristóteles não há síntese dialética; não existem proposições contraditórias, que seriam superadas num terceiro elemento. Há sim duas proposições que, devidamente analisadas, deixam de ser contraditórias, não invalidando, contudo, qual-

---

[12] Numa passagem de *Para além de bem e mal*, vemos que Nietzsche tinha pleno conhecimento das duas vertentes da filosofia platônica: "O exotérico e o esotérico, como os filósofos distinguiam em outro tempo, entre os indianos e também os gregos, entre os persas e os muçulmanos, em toda parte onde se acreditava em hierarquia, e *não* em igualdade e direitos iguais, – não se diferenciam tanto pelo fato de que o exotérico fica de fora e vê, estima, mede, julga a partir de fora, não de dentro: o essencial é que ele vê as coisas a *partir* de baixo, – e o esotérico, a partir de cima!" (§ 30).

[13] A dialética em Aristóteles é, em geral, muito pouco estudada. Uma exceção nesse quadro é o excelente trabalho de Oswaldo Porchat. Nas palavras do comentador, a dialética, para Aristóteles, "[...] é uma arte de argumentar criticamente, de examinar, pôr à prova, isto é como uma *peirástica*" (Porchat, Oswaldo. *Ciência e dialética em Aristóteles*. São Paulo: Editora Unesp, 2000, p. 359).

quer contrariedade entre elas. Na ocorrência de dois predicados para um mesmo sujeito, Aristóteles, como meio de não incorrer no conceito de não-contradição, estabelece a distinção entre essência e contingência (tanto que é com base nesta distinção que a ética e a política encontrarão lugar em seu pensamento). Queremos, com isso, chegar ao legado que Aristóteles deixou. Por pertencer à tradição analítica, Kant teve de se haver com as dificuldades de conciliar a razão teórica com a prática, assim como de encontrar um ponto de conexão entre necessidade e liberdade[14]. Não é à toa que Hegel terá de retrabalhar o conceito de necessidade (*Notwendigkeit*). Muito menos que historicidade e contingência sejam temas centrais de seu pensamento.

Nietzsche estaria em linha direta na tradição dialética. Enquanto em Aristóteles não é possível, para um mesmo su-

---

[14] Ver, nesta direção, um texto de Gérard Lebrun, "A dialética pacificadora": "É com Kant, como se sabe, que o idealismo alemão aprende a pensar a razão no registro da dialética e da erística. Entre a crítica no sentido kantiano e a dialética no sentido aristotélico, Aubenque mostrou como são impressionantes as semelhanças. Nos dois casos, por exemplo, o homem que sabe, o competente, perde sua superioridade perante o não técnico, uma vez que não se trata mais de examinar a justeza das asserções do adversário ou das teses em disputa, mas simplesmente de decidir de antemão se o debate é ou não fundado. A *Crítica* de Kant volta a ocupar, desse modo, um terreno familiar ao pensamento grego: *saber vencer as objeções*, triunfar sobre o contraditor". E, logo abaixo no texto, Lebrun assevera: "Hegel compartilha inteiramente essa convicção de Kant. Só contesta a maneira pela qual Kant acreditou satisfazer à justa exigência que formulara: 'a solução crítica' era ainda uma falsa extinção da polêmica, pois decidia o conflito da razão consigo mesma por um golpe de força" (cf. Lebrun, Gérard. "A dialética pacificadora". In: *Almanaque*, 3. São Paulo: Brasiliense, 1977, p. 34-5). Hegel encontrará a solução para isso na dialética, obviamente, não na dialética aristotélica.

jeito, afirmar e negar um mesmo predicado, o que acaba por atribuir um caráter estático às coisas, Nietzsche navega no fluxo heraclítico. E isto fornecerá as direções de seu pensamento no trato com a dialética. Mais ainda: na medida em que o filósofo parte da tradição dialética, e não da analítica, o embate é, no limite, entre duas tradições filosóficas, a heraclítica e a parmenídica.

O otimismo socrático, ou, se quisermos, a "ilustração" socrática, não foi apenas nefasto para a tragédia, mas também para o mundo moderno. O desrespeito pelos limites do conhecimento não leva o homem ao encontro da felicidade; a identificação entre saber e virtude não se concretiza. A dissolução do mito, a substituição do consolo metafísico pelo consolo terreno, um novo *deus ex machina*, o saber corrigindo o ser, a vida guiada pela ciência, o estreitamento de tarefas passíveis de solução e a ânsia por conhecer tudo são os principais traços do homem moderno (cf. *O nascimento da tragédia* § 17). Uma vez que a promessa do otimismo socrático não se cumpre, que cada ponto que caracteriza o homem moderno pode ser contestado, a cultura moderna "quebra", fratura-se.

> O signo característico dessa "quebra" [...] consiste, com efeito, em que o homem teórico se assusta de suas conseqüências, e, insatisfeito, não se atreve já a confiar-se à terrível corrente gelada da existência: angustiado, corre de um lado para outro [...]. Já não quer ter nada em sua totalidade que inclua também a inteira crueldade natural das coisas (*O nascimento da tragédia* § 18).

Não haveria, no entanto, como não "quebrar" uma cultura que teve como fundamento o otimismo socrático; seu caráter contraditório, ou autodestrutivo, se nos apresentaria em algum momento.

Como tentativa de reverter esse estado cultural da Alemanha, Nietzsche contrapõe à cultura moderna a cultura trágica; em face dos impulsos apolíneo e dionisíaco, é do lado do último que ele se posiciona. Haveria, a seu ver, um *humus* entre o grego e o alemão que permitiria o reencontro deste consigo mesmo, fazendo com que o autêntico espírito alemão florescesse ao voltar-se para suas raízes. E nisto a tragédia grega tinha um papel fundamental. Se o mito e a música eram o meio para a união que a tragédia propiciava, um novo mito deveria agora possibilitar o reencontro da Alemanha consigo mesma: o Prometeu de Ésquilo.

A lenda de Prometeu é possessão original do conjunto da comunidade dos povos árias e documento de sua aptidão para o trágico profundo, sim, talvez não fosse até verossímil que esse mito, de um modo inerente, tivesse para o ser ariano a mesma significação característica que o mito do pecado original tem para o semítico, e que entre os dois mitos exista um grau de parentesco como entre irmão e irmã (*O nascimento da tragédia* § 9).

É na figura de Prometeu que o mito assenta-se. Nietzsche vê essa figura como aquela que é capaz de afrontar os deuses, abrindo caminho para novas possibilidades de tarefas criativas. Afronta aqui é uma bendição, e não uma heresia. Aliás, é mais do que necessário afrontar a cultura alemã, essa cultura que se baseia no otimismo socrático – e é desse modo, com esse mito, que a afronta poderá ocorrer. A tragédia servirá como elemento catalisador que, ao exortar o alemão à ação, fará com que ele regresse à fonte primordial de seu ser.

Tudo o que é exterior à cultura alemã, que não faz parte da essência do ser alemão e impede que ele se identifique consigo mesmo, que se reconheça enquanto tal (para só aí poder reconhecer o outro, como diferente), deve ser rechaçado. A crítica à cultura operística e ao teatro vem daí. A premência de uma nova forma de expressão (que Nietzsche julgou inicialmente encontrar em Wagner) para chegar àquilo que é genuinamente alemão justifica a criação do "mito ariano". O mito aqui não é sinônimo de irracionalismo, muito pelo contrário; ele apenas vem opor-se ao otimismo socrático, que, ao ser levado ao extremo, mostra-se ilógico.

Saiamos agora da órbita dos escritos da juventude de Nietzsche para seus textos da maturidade. Veremos que os ataques do filósofo continuam, embora a aposta numa cultura trágica tenha ficado de lado – com a superação do pessimismo romântico –, juntamente com Schopenhauer e Wagner. Como professor de filologia, Nietzsche aprendeu que – e aqui reside a grande mudança que poderá exercer na crítica a seu tempo – a dialética alemã tem "origens populares"[15] ou – por que não dizer – origens gregas. E o que corrobora essa visão é o requisitório anti-socrático nietzschiano.

> Com Sócrates, o gosto grego corrompe-se em favor da dialética: que acontece aí realmente? É sobretudo um gosto *mais nobre* que é vencido; com a dialética a populaça prevalece (*Crepúsculo dos ídolos*, O problema de Sócrates, § 3).

As críticas à dialética permanecem com a mesma intensidade que tinham em *O nascimento da tragédia*, mas sob um influxo que altera até mesmo o vocabulário antes utili-

---

[15] Cf. Arantes, Paulo. *Ressentimento da dialética*. São Paulo: Paz e Terra, 1996, p. 215.

zado: nobre e populaça, e não mais apolíneo e dionisíaco. O que importa, no entanto, é que um determinado tipo de cultura, tributário do socratismo, continua a promover um estado decadencial na Alemanha. E essa foi a grande percepção de Nietzsche.

Olhemos mais de perto esse trato com a dialética; embora tenha mudado, ele é o mesmo. A dialética, como bem sabia Górgias, é "apanágio do homem qualquer"[16] que passou a se sobrepor a seu "antípoda", o homem cujas prerrogativas permitiam dispensar a discussão. E é essa arrogância, travestida de dialética, entronizada de certo modo pela sofística, que dará vitória a esse homem qualquer. Vemos que a maneira pela qual Nietzsche percebe a dialética não se alterou. Os personagens que, contudo, dão vida ao embate não são *stricto sensu* novos modos de nomear os antigos (homem teórico e homem artístico). À primeira vista, há agora uma desqualificação do oponente.

> Só se escolhe a dialética quando não se tem outros meios. Sabe-se que com ela se excita a desconfiança, que é pouco convincente. Nada é mais fácil de destruir do que um efeito dialético, como o demonstra a experiência de uma assembléia, em que se pronunciam discursos. Pode apenas ser autodefesa nas mãos daqueles que já não têm outras armas [...] (*Crepúsculo dos ídolos*, O problema de Sócrates, § 6).

O vocabulário que Nietzsche emprega tem parentesco com o que encontramos em *Para além de bem e mal* e *Para a genealogia da moral*: forte/fraco, senhor/escravo. Ao fraco, por

---

[16] Cf. *id., ibid.*

falta de meios, só resta escolher a dialética, que, aparentemente, para o filósofo, é destruída com facilidade. O curioso é que, apesar disto, sempre o forte é o derrotado nos embates. Poderíamos dizer então que Nietzsche subestima o poder do dialético? Não há subestimação alguma; ele sabe que o dialético sempre vencerá. E como esta vitória ocorre?

Para tentarmos compreender isso, cabe um *coup d'oeil* sobre a moral do senhor e do escravo de Nietzsche, a fim de precisar quem são esses vencedores e vencidos, pois aqui se passa algo muito diferente do que encontramos em Hegel, na dialética do senhor e do servo. Na moral do senhor e do escravo, este procura derrotar seu oponente, imputando-lhe a culpa pelo fato de ser como é, isto é, de ser mais forte, vigoroso, decidido, comandante – o que acarreta inevitavelmente uma atitude ou comportamento mais agressivo, incisivo, determinado. Atitudes ou comportamentos estes que, ao ver do escravo, não são dignos de uma boa pessoa. Tanto é que ele não demora em qualificar, primeiro, o senhor como mau e, depois, a si próprio como bom. Já o senhor movimenta-se numa direção diferente. Não se importando com a visão que o oponente tem de si mesmo, não vacila em se autodenominar bom. Enquanto o escravo afirma-se a partir de um atributo negativo que endereça ao senhor, este não depende de ninguém para se afirmar.

Nossa questão ainda não está respondida: como o escravo sai vitorioso? Ora, ele é extremamente ardiloso, habilidoso, inteligente, enquanto o senhor é ingênuo, pouco afeito às idéias. E o maior e mais perigoso ardil do escravo é a dialética.

> As coisas ou os homens honestos não trazem assim na mão as suas razões. É indecente mostrar todos os cinco dedos. O que se deve primeiro demonstrar é de es-

casso valor. Em toda parte em que a autoridade se insere ainda nos bons costumes, em que não se fornecem "motivos", mas se ordena, o dialético é uma espécie de arlequim: é objeto de galhofa, e ninguém o leva a sério [...] (*Crepúsculo dos ídolos*, O problema de Sócrates, § 5).

O estratagema do escravo é envolver o senhor numa trama dialética, é pedir-lhe explicações ou enredá-lo num modo de pensar maniqueísta. E Sócrates disso bem sabia, tanto que, nos diálogos platônicos, o sofista nunca vencia justamente por aceitar participar de um diálogo dialético. Manejando com maestria a ironia[17], Sócrates estaria dessa forma expressando seu ressentimento por sua posição de escravo. "Sacia ele, como oprimido, sua própria ferocidade com as facadas do silogismo? Vinga-se dos nobres, a quem fascina?" (*Crepúsculo dos ídolos*, O problema de Sócrates, § 7). Sim, a vingança não tarda e vem dialeticamente. O dialético "não é um idiota", tanto que enfurece seu adversário e "torna-o im-

---

[17] Ver, sobre a ironia, as importantes observações de Francis Wolff. Ironia, em grego, *eirôn*: "'aquele que se pretende ignorante', que 'diz menos do que parece pensar'; portanto, finório, se tomarmos pelo lado pior, como Aristófanes, ou 'reservado', se seguirmos Platão ou Aristóteles. Mas também 'ingênuo', se admitirmos sem discussão o que ele diz de si mesmo, ou 'dissimulado', se não acreditarmos nisso. Porque, enfim, diante dos mil protestos de Sócrates clamando que nada sabe, que não procura ensinar nada, que interroga por interrogar, com toda a ingenuidade e sem idéia preconcebida, não podemos nos impedir de cair em dúvida, aliás, como os seus próprios ouvintes: como ter por ignorante aquele que sabe tão bem aonde quer chegar? [...] Mas, então, esta 'ironia socrática' – verdadeira ou fingida? O 'eu não sei, mas tu sabes': um procedimento de professor ou uma profissão de fé?" (Wolff, Francis. *Sócrates. O sorriso da razão*. Trad. de Franklin Leopoldo e Silva. São Paulo: Brasiliense, 1982 [Col. Encanto Radical], p. 58-9).

potente" (*idem*). E a escolha da populaça, para dar a volta por cima, foi perfeita, haja vista que "o dialético *despotencia* o intelecto de seu opositor" (*idem*).

Ao apontar para o fato de que o "ressentimento do plebeu ateniense, recalcado pela dialética"[18] socrática (que passará, aliás, a dar as cartas), provinha do estado decadencial em que já se encontrava a antiga Atenas, Nietzsche não visava apenas a analisar a procedência da dialética. Tinha por objetivo principal indicar como a formação do espírito alemão letrado, que, enfatizemos, não havia conseguido ascender socialmente, caminhava no mesmo trilho do plebeu ateniense ressentido. Dispensa resposta a questão que o filósofo traz: "É a dialética, em Sócrates, unicamente uma forma de *vingança?*" (*Crepúsculo dos ídolos*, O problema de Sócrates, § 7). Vingança, no caso, por parte dos intelectuais que estavam sem uma boa colocação na burocracia alemã.

E essa chave de leitura quem nos fornece é Kojève. Numa interpretação discutível da *Fenomenologia do espírito*, o comentador apressa-se em ver na dialética do senhor e do servo em Hegel – lida à luz da moral do senhor e do escravo em Nietzsche – o surgimento do intelectual. Diz ele:

> [...] o servo sabe que o senhor pode matá-lo; ele não *tomará* uma atitude suicida. Em outras palavras, o servo que *trabalha* para o senhor rechaça seus *instintos* em função de uma *idéia*, de um conceito [...] Ele transforma sua natureza em uma idéia, numa noção social, humana, histórica, que são dotadas de Entendimento [*Verstand*] da faculdade das noções abstratas[19].

---

[18] Cf. Arantes, Paulo. *Ressentimento da dialética, op. cit.*, p. 216.

Em outras palavras, por meio do elemento trabalho, o servo pode criar condições para sobrepor-se intelectualmente ao senhor. Apesar de não haver na moral do senhor e do escravo de Nietzsche o movimento dialético que existe em Hegel (e de o senhor ter prevalência sobre o escravo, pelo menos em tese), tudo indica que, tanto num caso como no outro, podemos ver o aparecimento de um tipo de homem raciocinador, o intelectual. Como não se cansa de afirmar Nietzsche, o astuto é o escravo, que é, podemos dizer, aquele que, fazendo um melhor – quiçá ardiloso – uso de sua pequena razão, intelectualizou-se. Ainda mais, não dá para negar os créditos dos escravos, que acabaram por propiciar o aprofundamento da "alma humana" (o que nos dizem passagens de *Para a genealogia da moral*). Em Nietzsche, o escravo é o mais pensante, mas nisto não há mérito algum – feitas obviamente as devidas ressalvas.

E aqui a ironia socrática, a que nos referimos há pouco, desvela-se por completo. Ela nada mais é que, como bem percebe Nietzsche, um estratagema com um alvo bem preciso: a inversão do pólo dominante na moral do senhor e do escravo.

Vitória do escravo, do ressentido, do dialético, do intelectual. Algo, no entanto, parece estranho; alguma peça mostra-se fora de lugar. Não é Nietzsche um mandarim, membro de um determinado segmento da *intelligentsia*, não é ele próprio um intelectual? "É que a dialética do homem qualquer entronizado pela sofística antiga é quase indiscernível, como se sabe, da cultura geral do homem simplesmente culto e livre, um ancestral da futura 'raça discutidora'"[20].

---

[19] Kojève, Alexandre. *Introduction à la lecture de Hegel*. Paris: Gallimard, 1947. p. 176. Tal pista, na verdade, nos é dada por Paulo Arantes, no livro que temos aqui citado.

[20] Cf. Arantes, Paulo. *Ressentimento da dialética*, *op. cit.*, p. 216.

Nietzsche considera dialético o homem do ressentimento. E por isso combate essa forma de pensar. Contemporaneamente a Nietzsche, o dialético está na figura não mais do plebeu ateniense, mas na da massa e do segmento da *intelligentsia* que não ascendeu socialmente. É por esse motivo que há a defesa da (na expressão de Paulo Arantes) "planta exótica da *Bildung*"[21]: é, aliás, a única maneira pela qual o senhor pode prevalecer. Revela-se a nacionalidade de Sócrates, ou melhor, a sua nova nacionalidade: ela é alemã.

Num golpe de vista, o intelectual, vítima dos rumos que a Alemanha trilhava, transforma-se no carrasco da história: aquele que rumina vingança contra os mais bem-sucedidos burocratas alemães. Sem nenhum aparato com regras que poderiam orientar o homem, depois do *éclatement* das tradições modernas, e com o niilismo à porta, para manter o *status quo* inalterado, tornou-se urgente uma teoria da dominação, mesmo que ela viesse a servir apenas para salvar um pequeno segmento da sociedade. Sem nenhuma surpresa, reencontramos Nietzsche com as mesmas aspirações; o mais surpreendente é que ele movimenta-se em duas direções: ataca e defende, ao mesmo tempo, os membros do segmento ao qual pertence. Reflexo, por certo, do imbróglio que expusemos anteriormente.

---

[21] Eis aqui uma razão bem concreta para explicar o apego dos alemães à *Bildung*.

2. Em defesa de benesses e privilégios

Lembremos que, devido às injunções historicamente dadas, os alemães tinham a moral como centro de suas questões; já os franceses priorizavam problemas de ordem epistemológica, pois a ação lá tinha sua efetividade garantida. Nietzsche tentou dar novos contornos a essa situação na Alemanha por meio de uma epistemologia incorporadora e da "grande política". Soluções pré-modernas que ignoravam o ponto central – o desenvolvimento econômico e as patologias sociais por ele engendradas – e que visavam a defesa de interesses de classe.

Desde o primeiro momento em suas obras, Nietzsche foi intransigente na defesa da cultura/formação. Escutemos o discurso de dois rapazes diante do filósofo, em encenação que Nietzsche monta em uma de suas conferências sobre os estabelecimentos de ensino. Atentemos também para o fato de a cultura/formação dever ter, segundo os rapazes, um caráter completamente desinteressado:

> Éramos conscientes de nunca termos pensado numa assim chamada profissão, qualquer que fosse, graças à nossa sociedade. A exploração quase que sistemática por parte do Estado nesses anos, o qual quer recrutar o quanto antes funcionários úteis e assegurar-se de sua docilidade incondicional por meio de exames extremamente severos, permanecera completamente fora, à grande distância da preocupação com nossa formação; e quão pouco qualquer sentido de utilidade, qualquer intenção de veloz promoção e rápida carreira nos tinha determinado resumia-se para cada um de nós no fato, hoje enfim de aparência consoladora, de que também agora não sabíamos muito bem o que deveríamos ser e até de que

nem nos importávamos com essa questão. [...] Já disse certa vez que semelhante fruição do gozo do momento sem objetivo algum, um semelhante balançar-se na cadeira de balanço do instante, deve parecer quase inacreditável, censurável mesmo, nessa época contrária a tudo o que é inútil. Como éramos inúteis! E como éramos orgulhosos de sermos tão inúteis! Poderíamos disputar entre nós dois a glória de ser o mais inútil. Não queríamos significar nada, representar nada, pretender nada, queríamos ser sem futuro, nada mais do que sermos inúteis estendidos na soleira do presente – e efetivamente éramos assim, viva nós! (*Sobre o futuro de nossos estabelecimentos de ensino*, 1ª Conferência)[22].

Aparentemente não há razão alguma para nos sentirmos desconcertados com a posição dos dois rapazes em relação ao modo pelo qual se situam no mundo, muito pelo contrário. Eles estão se insurgindo contra a submissão da cultura/ formação e dos indivíduos ao Estado. A cultura não deveria estar a serviço dos aspectos puramente utilitários da vida social, mas voltar-se para si mesma.

No *Crepúsculo dos ídolos*, Nietzsche assevera várias vezes que em momentos de florescimento da cultura o Estado é decadente, e vice-versa. Cultura e Estado seriam assim antagonistas. E é o que julga verificar acontecer em sua época na Alemanha. "No mesmo momento em que a Alemanha

---

[22] Aqui Nietzsche está muito próximo também das posições de Karl Hillebrand em seu texto "A reforma do ensino superior". Lá, o autor considera que a instrução secundária não deve propor-se nenhuma utilidade prática e que o ensino secundário é o único instrumento para que o espírito desenvolva-se e transforme-se (cf. Hillebrand, Karl. *De la réforme de l'enseignement supérieur*. Paris: Baillière, 1868).

emerge como grande potência, adquire a França uma nova importância como *potência cultural* [*Culturmacht*]" (*Crepúsculo dos ídolos*, O que falta aos alemães, § 4).

Essa concepção de cultura neo-humanista não é um traço característico dos mandarins que estaria fora da órbita cognitiva do mundo, que se mostraria como um elemento desligado dos demais modos pelos quais a realidade ou, se quisermos, a sociedade é tratada. Ela faz "sistema"; pertence a uma rede de posições fora da qual se acharia deslocada e até mesmo perderia seu sentido. É num entrelaçamento simbiótico com o horror às questões políticas, de uma vida engajada politicamente (no molde francês) e, como conseqüência direta disso, com a valorização da vida interior, que a concepção neo-humanista de cultura (apanágio do caráter nacional alemão) revela todas as suas facetas. Pois somente ao ser remetida a um "sistema" (de cunho conservador, sem dúvida), ela terá seu sentido reconhecido e compreendido (em Goethe, que poderia ser tido por um burguês de espírito, Nietzsche encontrará esse "sistema" em plena forma).

A *intelligentsia* francesa participa intervindo na vida política de seu país; ela é engajada. Já a alemã está de mãos atadas, antecipadamente posta longe da política, pois o "atraso" do país reserva o trato com a coisa pública somente à aristocracia. Despolitização forçada, que, no caso de Nietzsche, ressoa como antipolitismo. Resultado: a situação político-social da Alemanha "era um convite à exaltação moral e cultural de parte do burguês letrado e inconformado"[23], ao cultivo do espírito e do gosto pessoal, desvinculado de qualquer entorno. Não é por acaso que Nietzsche trata a política pela

---

[23] Arantes, Paulo. "Os homens supérfluos". In: *Ressentimento da dialética, op. cit.*, p. 116.

via dos valores; aliás, essa era a única que se lhe apresentava. O cultivo do espírito aparece como reação em face da despolitização forçada. Ainda mais: a "Cultura era antes de tudo promessa de redenção social"[24]. E é esse ponto que fica oculto no discurso nietzschiano.

A burguesia em formação acreditava representar o ideal de cultura (*Bildung*) e com isso se contrapunha à "civilização" aristocrática[25]; a *intelligentsia*, que se aburguesava, pela via da burocracia estatal, igualmente se contrapunha à pobreza de espírito dos civilizados. A burguesia e a *intelligentsia*, e/ou a *intelligentsia* burguesa procuravam seu lugar ao sol; a cultura, marcada pelo total desinteresse pelos fatos mundanos, advogando o refinamento do espírito, nada mais era, no fundo, que moeda de troca[26].

Na França, o engajamento dos "espíritos cultos" e a "fúria da destruição" andam juntos, possibilitando com isso o surgimento de uma nova ordem social. Os desdobramentos

---

[24] *Id., ibid.*, p. 121.

[25] Nas palavras de Ringer: "[...] a educação superior clássica era como que um substituto da nobreza de nascimento" (Ringer, Fritz. *O declínio dos mandarins alemães – A comunidade acadêmica alemã, 1890-1933.* Trad. de Dinah de Abreu Azevedo. São Paulo: Edusp, 2000, p. 59).

[26] Que se formule a questão com todas as palavras. Diz Bento Prado Júnior, ao referir-se ao descompasso cultural entre periferia e metrópole, do final do século XIX aos meados do XX: "[...] os filósofos, os teóricos da educação, os *críticos da cultura* europeus dos últimos anos, vocês (*sic*) notam que eles descobrem no temor e no terror que a cultura *é uma questão de palavras que escondem pequenos privilégios sociais*" (Prado Jr., Bento. "Cruz Costa e a história das idéias no Brasil". In: Moraes, R.; Antunes, R.; Ferrante, V. B. [orgs.]. *Inteligência brasileira*. São Paulo: Brasiliense, 1986. p. 111; grifos nossos). Observação que segue as de Fritz Ringer sobre os mandarins alemães, que, por meio da burocracia estatal, encontram o trampolim social tão almejado.

em termos de ação, que resultam em "destruição" das posições idealizadas dos homens cultos franceses, são rechaçados pelo alemão culto. Este quer se pôr a serviço das "idéias modernas", a serviço de ideais. Mas desejar efetivá-los não passa, a seu ver, de ingenuidade dos franceses, que querem fazer a passagem de um plano ideal para o real/efetivo, desconsiderando o abismo que há entre eles. Mas o alemão culto não percebe que este é o único meio de sair do "atraso" – do qual, aliás, se ressente.

O rechaço ao engajamento desnuda-se: engajar-se é querer mudar uma ordem, é desejar mudanças de cunho socioeconômico, é ir de encontro à *Bildung*. Os mandarins, na segunda metade do XIX, viram-se assim ameaçados pelos novos rumos que a Alemanha tomava em termos de economia.

> Na Alemanha de hoje, já ninguém pode dar a seus filhos uma boa educação [*Erziehung*]: as nossas escolas "superiores" foram construídas sobre a mais equívoca mediocridade, relativamente a professores, planos de estudos e objetivos de ensino. E impera em toda parte uma pressa indecorosa, como se algo se tivesse perdido quando o jovem aos 23 anos ainda não está "pronto", ainda não sabe a resposta à "questão principal": *que* profissão? – Uma espécie superior de homens, me seja permitido dizer, não ama as "profissões", precisamente porque sabe ocupar-se... Tem tempo, arranja tempo para si, não pensa em ficar "pronto" – com 30 anos, no sentido da cultura mais alta, ainda se é um principiante, uma criança (*Crepúsculo dos ídolos*, O que falta aos alemães, § 6).

A balança que pendia favoravelmente para o lado da *Bildung* perde peso. "Tornou-se uma espécie de dogma a afirmação [da parte dos mandarins; Nietzsche fazendo coro com eles] de que os problemas das universidades deviam-se ao avanço do modernismo na educação secundária, à diminuição dos padrões das escolas não-clássicas, às invasões do território do saber puro pelo senso prático da tecnologia e ao surgimento dentro das universidades de grupos sociais sem cultura"[27]. É nesse momento, sem volta, em que a Alemanha começa a sair de seu "atraso" histórico, que a balança do par antitético *Bildung/Kultur* começa a tender para a civilização, haja vista a mudança de atores no cenário alemão: saem de cena os aristocratas e a *intelligentsia*, e entram os burgueses. Estes, na verdade, ocupam toda a cena, não deixando praticamente espaço para os mandarins. E a vitória alemã sobre a França, na Guerra Franco-Prussiana, evidencia *toto coelo*, aos olhos de Nietzsche, o desvio de rota (sem volta) de uma autêntica cultura/formação alemã[28].

Em suma, sair do atraso econômico faz com que a profundidade do espírito alemão comece a minguar (a incompatibilidade com o progresso, digamos mais uma vez, é

---

[27] Ringer, Fritz. *Op. cit.*, p. 68-9.

[28] Uma das obras de Goethe que Nietzsche visitou com mais vagar foi *Conversações com Eckermann*; é dela que o filósofo retira esse contraponto entre França e Alemanha, de acordo com a qual os alemães são certamente bárbaros. Numa citação entrecortada de Goethe: "Nós, os alemães, dizia Goethe a Eckermann, somos de ontem. É certo que temos trabalhado muito de há um século a esta parte para nos cultivarmos, mas hão de se passar ainda muitos séculos antes que nossos compatriotas estejam, na generalidade, impregnados de bastante espírito e cultura para deles se poder dizer: outrora foram bárbaros" (*Primeira consideração extemporânea*, I, § 1). Os alemães são de ontem, isto é, são hoje bárbaros – constatação crua de Goethe, que Nietzsche acolhe (cf. fragmento póstumo 19 [132], do verão de 1872/fim de 1874).

irredutível)²⁹, tendo como conseqüência o fato de que houve, nas palavras de Nietzsche, "*um deslocamento do centro de gravidade*" (*Crepúsculo dos ídolos*, O que falta aos alemães, § 4). Conforme ele próprio constata: "Falei do espírito alemão: que se torna cada vez mais grosseiro e frívolo". E continua adiante na mesma passagem: "O *pathos* modificou-se, e não somente a intelectualidade. – Visito aqui e além as universidades alemãs: que atmosfera reina entre os seus eruditos, que espiritualidade desolada, auto-satisfeita e tíbia!" (*Crepúsculo dos ídolos*, O que falta aos alemães, § 3).

O discurso dos rapazes da primeira conferência *Sobre o futuro dos nossos estabelecimentos de ensino*, entendido na sua platitude, é, poderíamos dizer, um tanto pueril, pois reflete a imaturidade dos jovens. Mas Nietzsche não é ingênuo. Haveria assim algum motivo eclipsado para que ele batesse, incansavelmente, na tecla do antagonismo entre Estado e cultura/formação? Certamente, como já vimos. Voltemos ao *Wilhelm Meister*, de Goethe, para retomar o que está oculto na defesa aguerrida de uma cultura que preza a inutilidade em termos da vida prática. Tragamos novamente uma citação em que Wilhelm arrola ao cunhado Werner os motivos que o impulsionam a tornar-se ator. Diz ele:

> [...] Não sei como é em países estrangeiros, mas na Alemanha só ao nobre é possível uma certa formação geral [*allgemeine Ausbildung*] e, se assim posso dizer, pessoal

---

[29] É neste sentido que Adorno caminha quando compara os Estados Unidos à Alemanha – no primeiro caso, é o consumo que é alimentado; no segundo, o espírito (cf. Adorno, Theodor. "Experiências científicas nos Estados Unidos". In: *Consignas*. Buenos Aires: Amorrortu, s/d., p. 107 e segs.).

[...]. Ora, tenho uma inclinação irresistível precisamente para a formação harmoniosa da minha natureza, que o meu nascimento me recusa [...]. Podes ver muito bem: só o teatro pode me dar tudo isso, apenas nesse elemento posso evoluir e desenvolver-me segundo meus desejos. Sobre as tábuas de um palco, o homem cultivado faz valer a sua influência de modo tão pessoal quanto nas classes superiores[30].

Anseios de Wilhelm que permanecem apenas anseios. Lembremos que no solo em que ele se movia, principalmente na primeira metade do século XVIII, tudo indica que a luta de classes travava-se entre os nobres e os burgueses (a massa, guardadas suas devidas proporções, era amorfa)[31]. Wilhelm *ressente*-se de não fazer parte da classe social para quem não há obstáculos para o acesso a uma formação integral; acredita que o teatro é essa via que o arremessará para o outro lado. Dito de modo mais claro e amplo: o que está em jogo é a aspiração da *intelligentsia* por "*status* e influência", aspiração, aliás, nunca satisfeita[32]; é o desejo de passar para o

---

[30]Goethe, J. W. *Os anos de aprendizagem de Wilhelm Meister*. Trad. de Nicolino Simone Neto. São Paulo: Ensaio, 1994, p. 286.

[31] O embate travava-se nos seguintes termos: "De um lado [dos nobres], profundidade, sinceridade, virtude autêntica, interiorização, leitura, formação da personalidade, franqueza; de outro [da burguesia], superficialidade, duplicidade, polidez exterior, etiqueta, convenção frívola, dissimulação – tal era o repertório ideológico da luta de classes na Alemanha na virada do século [XVIII]". Em outras palavras, o confronto entre as classes dava-se pela via da educação. Cf. Arantes, Paulo. "Os homens supérfluos", *op. cit.*, p. 122.

[32] A esse respeito, escutemos Adorno: "Na Alemanha, há de se dizer, a aspiração da intelectualidade ao *status* e à influência – além de proble-

outro lado, que, no entanto, está interditado devido ao "atraso" do desenvolvimento do capital na Alemanha, que faz com que todas as prerrogativas políticas e econômicas fiquem sob o encargo da aristocracia, dificultando, com isso, a mobilidade social. Como já dissemos, a saída de Wilhelm foi o teatro; a da *intelligentsia* burguesa, a de Nietzsche, será o cultivo da "planta exótica da *Bildung*". E como viabilizar isso?. Por meio de uma epistemologia do domínio.

Ocorre que, ao apagar as luzes, ao se interrogar pelo lastimável estado da cultura, Nietzsche depara com um tipo de homem que está convencido de que expressa a verdadeira cultura alemã: o filisteu da cultura (*Bildungsphilister*). No entanto, a cultura que este advoga "nem sequer é uma má cultura, é o contrário de uma cultura, trata-se de uma barbárie duradouramente estabelecida" (*Primeira consideração extemporânea* § 2). O filisteu é contra toda a procura, contra toda a criação; ele odeia "o gênio dominador e as exigências tirânicas de uma cultura autêntica" (*idem*). E David Strauss, hegeliano de esquerda, é o típico filisteu da cultura. Tanto que em toda a *Primeira consideração extemporânea* salta aos olhos do leitor o caráter anti-hegeliano nela presente. Lembremos ainda que um outro importante tema desse livro é a Guerra Franco-Prussiana. Com ela, a tão necessária unificação dos estados alemães torna-se possível. Não era isto, segundo Hegel, o que faltava acontecer para o processo de modernização nacional da Alemanha? Não foi esta vitória

---

mática em si mesma – nunca foi satisfeita. É possível que isto esteja condicionado pelo atraso do desenvolvimento burguês, a grande sobrevida precisamente do espiritual feudalismo alemão, do que gerou o tipo de preceptor [*Hofmeister*] como servente". (Adorno, Theodor. *Consignas*. Buenos Aires: Amorrortu, p. 66).

celebradíssima pelos filisteus da cultura, que acreditavam ter derrotado a França culturalmente? Crítica ao hegelianismo, na figura do filisteu, essa *Consideração*, denominada "David Strauss, o devoto e o escritor", foi a tentativa de Nietzsche de reverter o jogo em favor da *Bildung*.

* * *

Que se perdera, na Alemanha, a noção do que é a "verdadeira cultura", que não se tinha mais parâmetro para avaliações, que se tomara a cultura dos homens modernos, que misturavam todos os estilos de vida, pela cultura autêntica, disso não há dúvida. Que esta cultura servia, conscientemente ou não, como moeda de troca de privilégios de uma classe no obscuro cenário alemão, é certo. Não restou alternativa a Nietzsche senão a de ter uma posição conservadora em termos de política – posição essa que tentará justificar com as mais belas prestidigitações de que um filósofo já foi capaz.

Afinal, ele estava em busca de um lugar ao sol.

NIETZSCHE
E A CULTURA BRASILEIRA

Qual o sentido de estudar Nietzsche no Brasil? Esta é uma questão que, a nosso ver, não podemos deixar de formular.

Desde o início do século XX, o filósofo tem presença marcante na cultura brasileira. Nas artes plásticas, no teatro, na literatura, nas ciências humanas em geral, na política, para dizer o mínimo, seu pensamento faz-se sentir. No meio acadêmico, seus escritos ganharam importância, num primeiro momento, com as interpretações que deles fizeram Deleuze, Heidegger e Foucault[1].

Apesar de todo esse impacto na complexa e multifacetada cultura brasileira, ousamos perguntar: há algum sentido em estudar Nietzsche no Brasil hoje? Ou melhor: existe algum laço que ligue a cultura brasileira e a filosofia nietzschiana? Seria Nietzsche apenas um objeto exótico a ser investigado? Quiçá.

A realidade alemã com a qual o filósofo dialoga é radicalmente diferente da brasileira. A distância temporal e a es-

---

[1] Cf. Marton, Scarlett. "Nietzsche in Brasilien". In: *Nietzsche-Studien*. Berlim: Walter de Gruyter, 2000, Vol. 29, p. 369-76.

pacial fornecem uma especificidade irredutível a seu pensamento: revoluções "populares" de 1830 e 1848, Guerra Franco-Prussiana, unificação da Alemanha, "atraso" da economia alemã, questões relativas às origens do povo alemão, valores tradicionais da sociedade alemã dos séculos XVIII e XIX, filosofia idealista alemã, e assim por diante. Poderíamos elencar inúmeros fatores e situações que nos fariam ver que a filosofia de Nietzsche encerra-se num espaço e tempo bem determinados, não tendo nada a nos dizer, aqui no Brasil, mais de um século depois de ser elaborada. Este livro talvez até contribua para enfatizar essa posição.

Como procuramos fazer ver, no sombrio cenário alemão, o filósofo estrutura seu pensamento como uma maneira de buscar um lugar ao sol. Para tanto, ficar contra Kant (filosofia burguesa, como nos faz ver Goldmann) e enfrentar Hegel (que tinha o Estado como alvo último) era necessário para o florescimento da cultura; criticar a democracia tornava-se fundamental; posicionar-se contra o nacionalismo mostrava-se imprescindível; combater o pensamento socialista era condição *sine qua non* para manter a elite cultural; lutar por uma formação neo-humanista fazia-se vital.

Isso posto, o que Nietzsche teria para dizer a um país com uma tradição filosófica a se formar, com inúmeras faces culturais, sem conflitos étnicos, recém-democratizado, com uma esquerda que acaba de chegar ao poder?

Afirmar que Nietzsche não tem nada a nos dizer não seria o mesmo que sustentar que a filosofia cartesiana pouco importa hoje em dia? Que Pascal deveria ser esquecido? E o que pensar então a respeito dos gregos? Não haveria algo em comum entre a experiência filosófica de Nietzsche e a cultura brasileira? De Nietzsche não poderíamos reter uma maneira de pensar, de questionar, de ver a realidade a partir de pontos de vista até então por nós não imaginados? Ou seja, não poderíamos ter Nietzsche como "caixa de ferramentas", como o tomam Foucault e Lebrun?

É possível que haja, sim, algo em Nietzsche que diga muito à nossa cultura. Pensamos aqui em sua crítica ao cristianismo e, por conseguinte, em seus golpes contra a crença num mundo que transcenda este no qual nos encontramos, pois teríamos em comum o mesmo solo cristão a partir do qual nossos valores foram formados. Deste ponto de vista, pouco importaria a distância espacial e temporal em que nos encontramos em relação ao filósofo. Todos partiríamos da mesma lógica, de um mesmo modo de pensar dicotômico que rege toda a nossa reflexão. Assim, por exemplo, a democracia como um valor positivo ou negativo – pouco importa – não escaparia dessa estrutura de pensamento[2]. Igualdade e liberdade, valores basilares da concepção de democracia, teriam por oposição a desigualdade e a não-liberdade. Estudar a crítica de Nietzsche à democracia, abstraindo a realidade alemã, nada mais seria que fazer contato com o avesso do pensamento democrático. Pois bem, refletir de uma outra maneira – essa seria a relevância de Nietzsche para nós?

Estranho seria adotar a filosofia nietzschiana como modelo, por exemplo, para uma prática política, pois tal empresa teria supostamente importância apenas enquanto propiciadora de reflexão. Perguntemos, contudo: Nietzsche não nos ensina que não existe oposição entre teoria e prática? Assentemos que, se assim for, estudar Nietzsche no Brasil não seria a mesma coisa que manter as "idéias fora de lugar"?

---

[2] Estrutura esta com que Nietzsche tentou romper, com sua transvaloração de todos os valores, ignorando o fato de que esta tarefa estava fadada ao fracasso desde o início, porque, acreditamos, deve-se levar em conta a base material que tem de acompanhar o pensamento, caso contrário, as reflexões perdem muito de sua força eficiente.

Por outro lado, podemos dizer que a "utilidade" da filosofia de Nietzsche poderia restringir-se para nós, brasileiros de hoje, às avaliações que esse pensar propicia para os *petits faits* da vida, os comportamentos e as condutas individuais. Haveria, desse ponto de vista, algo de interesse comum a ser partilhado. Pois ele nada tem a nos dizer sobre os aspectos políticos, sociais e econômicos brasileiros – talvez tenha para os europeus, que, sobretudo neste momento, estão às voltas com questões relativas ao nacionalismo e com o fortalecimento político e econômico da unidade européia.

Por essas razões, pensamos em questionar o sentido que teria hoje a filosofia de Nietzsche para a cultura brasileira. E foi por nos formularmos essa questão que optamos por realizar um trabalho interpretativo, e não fazer apenas uma leitura imanente da obra nietzschiana.

BIBLIOGRAFIA

Obras de Nietzsche

Werke. Kritische Studienausgabe. Berlim: Walter de Gruyter & Co., 1988, 15v. (organizada por Giorgio Colli e Mazino Montinari).

Nietzsche – Obras incompletas. Trad. de Rubens Rodrigues Torres Filho. São Paulo: Nova Cultural, 1987, 2v. (Col. Os Pensadores).

O nascimento da tragédia. Trad. de J. Guinsburg. São Paulo: Cia das Letras, 1992.

Humano, demasiado humano. Trad. de Paulo César Souza. São Paulo: Cia das Letras, 2000.

Aurora. Trad. de Paulo César Souza. São Paulo: Cia das Letras, 2004.

A gaia ciência. Trad. de Paulo César Souza. São Paulo: Cia das Letras, 2001.

Além do bem e do mal. Trad. de Paulo César Souza. São Paulo: Cia das Letras, 1996.

Genealogia da moral. Trad. de Paulo César Souza. São Paulo: Cia das Letras, 2003.

Ecce homo. Trad. de Paulo César Souza. São Paulo: Cia das Letras, 1995.

O caso Wagner. Trad. de Paulo César Souza. São Paulo: Cia das Letras, 1999.

Cinco prefácios para cinco livros não escritos. Trad. de Pedro Süssekind. Rio de Janeiro: Sette Letras, 1996.

Fragmentos póstumos. Trad. Flávio R. Kothe. Brasília: UNB, 2002.

Comentadores de Nietzsche:

Andler, Charles. *Nietzsche, sa vie et sa pensée*. Paris: Gallimard, 1958. 3v.

Azeredo, Vânia D. *Da dissolução da metafísica à ética do amor fati: perspectivas da interpretação em Nietzsche*. Tese de doutoramento defendida na FFLCH/USP. São Paulo, 2003.

Barker, Ernest. *Nietzsche and Treitschke, the workship of power in modern Germany*, 1914.

Baroni, C. *Nietzsche éducateur*. Paris: Buchet-Chastel, 1961.

Blondel, Éric. *Nietzsche, le corps et la culture*. Paris: PUF, 1986.

_____. Nietzsche: a vida e a metáfora. Trad. Fernando Moraes de Barros. In: *Cadernos Nietzsche 16*. São Paulo: GEN, 2004.

_____. *Nietzsche: Le "cinquième 'évangile'"*? Paris: Les Berges et les Mages, s/d.

Bornheim, Gerd. "Nietzsche e Wagner. O sentido de uma ruptura". In: *Cadernos Nietzsche* 14 (2003). São Paulo: GEN, 2003.

Bosi, A. (org.). *Cultura brasileira. Tradição, contradição*. Rio de Janeiro: Zahar/Funarte, 1987.

Bruford, W. H. *The German tradition of self-cultivation. "Bildung" from Humboldt to Thomas Mann*. Cambridge: Cambridge University Press, 1975.

Butler, E. M. *The tyranny of Greece over Germany: a Study of the Influence exercised by Greek art and Poetry over the Great German Writes of the Eighteenth, Nineteenth, and Twentieth Centuries*. Cambridge: Cambridge University Press, 1935.

Casares, Manuel Barrios. *Hölderlin y Nietzsche: dos paradigmas intempestivos de la modernidad en contacto*. Sevilla: Reflexión, 1992.

Clark, Maudemarie. *Nietzsche on Truth and Philosophy*. Cambridge: Cambridge University Press, 1990.

Dastur, Françoise. *Hölderlin: tragédia e modernidade*. Trad. Rio de Janeiro: Relume Dumará, 1988.

Del Caro, Adrian. *Dionysian Aesthetics: the role of destruction in creations as reflected in the life and works of Friedrich Nitzsche*. P.D. Lang: Frankfurt am Main, Bern, Cirencester, 1981.

_____. *Hölderlin: the poetics of being*. Detroit: Wayne State University Press, 1991.

_____. *Nietzsche contra Nietzsche. Creativity and the anti-romantic*. Baton Rouge, La; London: Lousiana State University Press, 1989.

Deleuze, Gilles. "La méthode de dramatisation". *Bulletin de la société française de philosophie*, n. 28, janeiro de 1967, 90-118.

_____. *Nietzsche e a filosofia*. Porto: Rés, s/d.

Dias, Rosa M. *Nietzsche e a música*. São Paulo: Discurso Editorial/Editora da UNIJUÍ, 2005.

_____. *Nietzsche Educador*. São Paulo: Scipione, 1991.

Fernandes, Florestan. "Nota sobre Frederico Nietzsche". In: *FM*, em 19/10/1944.

Gilvan Fogel. *Conhecer é criar. Um ensaio a partir de F. Nietzsche*. São Paulo: Discurso Editorial/ Editora da Unijuí, 2003 (Col. Sendas & Veredas).

Gaède, Éduard (org.). *Nietzsche, Hölderlin et la Grèce: actes du colloque* organizado pelo Centre de recherches d'histoire des idées. Nice, fevereiro de 1985.

Galiano, Manuel F. "Ulrich von Wilamowitz-Möllendorff y la filología clásica de su tiempo". In: *Estudios Clásicos* (56), pp. 24-57.

Geyer, Paul. "Nietzsche und Schiller". *Preussische Jahrbücher*, 102 (1900).

Heidegger, Martin. *Basic Writings*. Edited by David Farrell Krell. London: Routledge, 2002.

_____. *Chemins qui ne mènent nulle part*. Trad. de Pierre Klossowski. Paris: Gallimard, 1962.

_____. *Introdução à metafísica*. Trad. de Emmanuel Carneiro Leão. Rio de Janeiro: Biblioteca Tempo Universitária, 1966.

_____. *Nietzsche*. Paris: Gallimard, 1961.

Itaparica, André Luís. *Nietzsche e a tradição filosófica*. Para além de idealismo e realismo. Tese de doutorado defendida na FFLCH/USP, 2003.

Izsquierdo, Agustín. *El resplandor de la apariencia. La teoría de la cultura en Nietzsche*. Madri: Libertarias, 1993.

Kaufmann, Walter. *Nietzsche, philosopher, psychologist, anticrist*. Nova York: The World Publisching Co., 1965.

Klossowski, Pierre. *Nietzsche e o círculo vicioso*. Trad. de Hortência S. Lencastre. Rio de Janeiro: Pazulin, 2000.

Knight, A.H.J. *Some aspects of life and Work of Nietzsche and particularly of his connections with Greek Literature and Thought*. Cambridge: Cambridge University Press, 1933.

Llody-Jones, H. "Nietzsche and the study of the Ancient World". In: O'Flaherty e al. (orgs.). *Studies in Nietzsche and the Classical Tradition*, p. 1-15.

Kofman, Sarah. "O/Os 'conceitos' de cultura nas Extemporâneas ou a dupla dissimulação". Trad. Milton Nascimento. In: Marton, Scarlett (org.). *Nietzsche hoje?* São Paulo: Brasiliense, 1985, p. 71-109.

Kremer-Marietti, Angèle. *Nietzsche et la réthorique*. Paris: PUF, 1992.

Krummel, Richard Frank. *Nietzsche und der deutsche Geist*. Berlim: Walter de Gruyter, 1998. 3v.

Large, Duncan. "'Nosso maior mestre': Nietzsche, Burckhardt e o conceito de cultura". Trad. de Fernando R. de Moraes Barros. In: *Cadernos Nietzsche* 9. São Paulo: GEN, 2000.

Lebrun, Gérard. "Uma escatologia para a moral". Trad. Renato Janine Ribeiro. In: *Manuscrito*. Campinas: Centro de Lógica, Epistemologia e História da Ciência da UNICAMP, v.2, n°.2.

_____. "A dialética pacificadora". In: *Almanaque* 3, São Paulo: Brasiliense, 1977.

_____. *O avesso da dialética. Hegel à luz de Nietzsche*. Trad. de Renato Janine Ribeiro. São Paulo: Cia das Letras, 1988.

Löwith, Karl. *Nietzsches Philosophie der ewigen Wiederkehr des Gleichen*. Hamburgo: Felix Meiner Verlag, 1978.

Marques, António. *A filosofia perspectivista de Nietzsche*. São Paulo: Discurso Editorial/Editora da Unijuí, 2003 (Col. Sendas & Veredas).

Martin, Nicholas. *Nietzsche and Schiller: Untimely Aesthetics*. Oxford: Claredon Press, 1996.

Marton, Scarlett. *Nietzsche, das forças cósmicas aos valores humanos*. São Paulo: UFMG, 2ª. ed., 2000.

_____. *Extravagâncias. Ensaios sobre a filosofia de Nietzsche*. São Paulo: Discurso Editorial/Editora da UNIJUÍ, 2ª ed., 2001.

_____. *Nietzsche, a tranvaloração dos valores*. São Paulo: Moderna, 3ª.ed., 1996.

_____. *Nietzsche*. São Paulo: Brasiliense, 1982 (Col. Encanto Radical).

_____. "Nietzsche in Brasilien". In: *Nietzsche-Studien*. Berlin. Walter de Gruyter, 2000, v.29, p. 369-376.

_____. "L' éternel retour du même: these cosmologique ou impératif éthique?". In: *Nietzsche-Studien*. Berlin. Walter de Gruyter, 1996, v.25, p.42-63.

_____. "Man and World: Friedrich Nietzsche and the Philosophical Presuppositions of Environmental Ethics". In: *Applied Ethics/ Angewandte Ethik 2*. Kirchberg am Wechsel: Österreichische Ludwig Wittgenstein Gesellschaft, 1998.

_____. "Nietzsche: consciência e inconsciente". In: Knoblock, Felícia (org.). *O inconsciente: várias leituras*. São Paulo: Escuta, 1991, p. 27-41.

_____. "Por uma filosofia dionisíaca". In: *Kriterion*. Belo Horizonte: Departamento de Filosofia e Ciência Humanas da UFMG, 1994, p.9-20.

_____. "Por uma genealogia da verdade". In: *Discurso*. São Paulo: Revista do Departamento de Filosofia da USP, 1979, v.9, p.63-79.

_____. "Silêncio, solidão". *Cadernos Nietzsche* 9. São Paulo: GEN, p. 94-95.

McCarthy, George E. *Dialectics and decadence: echoes of antiquity in Marx and Nietzsche*. Lanham, London: Rowman and Littlefield publ., 1994.

Montinari, Mazzimo. "Equívocos marxistas". Trad. de Dion David Macedo. In: *Cadernos Nietzsche 12*. São Paulo: GEN, 2002.

Moore, Barrington. *A Injustiça – as bases sociais da obediência e da revolta*. São Paulo: Brasiliense, 1987.

Müller-Lauter, W. *A doutrina da vontade de poder*. Trad. de O. Giacóia. São Paulo: Annablume, 1997.

_____. "Nihilismus als Konsequenz des Idealismus. F. N. Jacobis Kritik an der Transzendentalphilosophie und ihre philosophiegeschichtlichen Folgen". In: Schwan, Alexander (org.). *Denken im Schatten des Nihilismus*. Darmstadt, 1975, p.113-163.

_____. Der Organismus als innerer Kampf. Der einfluss von Wilhelm Roux auf Friedrich Nietzsche. In: *Nietzsche-Studien*. Berlim: Walter de Gruyter, v. 7, pp.189-223, 1978.

_____. Sobre o trato com Nietzsche. In: Caderno Mais! *FSP*, 9 de outubro de 1994, p.7.

Nolte, Ernest. *Nietzsche und der Nietzscheanismus*. Frankfurt/Main, Berlim: Propyläen, 1990.

Onate, Alberto. "Vontade de Verdade: uma abordagem genealógica". In: *Cadernos Nietzsche* 1. São Paulo: GEN, 1996.

Ottmann, Henning. "Anti-Lukács. Eine Kritik der Nietzsche-Kritik von Georg Lukács". In: *Nietzsche-Studien*. Berlim: Walter de Gruyter, v. 13.

_____. *Philosophie und Politk bei Nietzsche*. Berlim: Walter de Gruyter, 1999. 2v.

Pearson, A. *Nietzsche como pensador político*. Trad. Mauro Gama e Claudia Martinelli Gama. Rio de Janeiro: Zahar, 1997.

Riehl, Alois. *Friedrich Nietzsche. Der Künstler und der Denker. Ein Essay*. Schutlerwald/Baden. Wissenschaflicher Verlag, 2000.

Schacht, Richard. *Nietzsche*. Londres: Routledge & Kegan Paul, 1983.

Schrift, Alan D. "A disputa de Nietzsche: Nietzsche e as guerras culturais". Trad. de Sandro Kobol Fornazzari. In: *Cadernos Nietzsche* 7. São Paulo: GEN, 1999.

Thibon, Gustave. *Nietzsche, ou le déclin de l'esprit*. Lyon: Lardanchet, 1948.

Vaihinger, Hans. "La voluntad de ilusión en Nietzsche". In: Nietzsche, F. *Sobre verdad y mentira en sentido extramoral*. Trad. Luis Ml. Valdés e Teresa Orduña. Madri: Tecnos, 1998, p.39-90.

Valadier, Paul. *Essais sur la modenité, Nietzsche et Marx*. Paris: Cerf: Desclée, 1974.

Williamson, George S. *The Longing for Myth in Germany: Religion and Aesthetic Culture from Romantism to Nietzsche.* Chicago: University of Chicago, 2004.

Wotling, Patrick. *Nietzsche et le problème de la civilisation.* Paris: PUF, 1999.

Outras obras:

Adorno, T., Horkheimer, M. *Dialética do Esclarecimento.* Rio de Janeiro: Jorge Zahar Editor, 1985.

_____. *Consignas.* Buenos Aires: Amorrortu, s/d.

Agulhon, Maurice. *1848 ou l'Aprentissage de la République.* Paris: Seuil, 1973.

Althusser, Louis. *Lire Le Capital.* Paris: François Maspero, 1967.

Arantes, Paulo. *Ressentimento da dialética.* São Paulo: Paz e Terra, 1996.

_____. Tentativa de identificação da ideologia francesa. In: *Novos Estudos* (28). São Paulo, 1990.

Arendt, H. *A vida do espírito.* Trad. de A. Abranches e outros. Rio de Janeiro: Relume Dumará, 1992.

Berlin, Isaiah. *Vico and Herder.* Londres: Chatto and Windus, 1976.

Butler, E. M. *The Tyranny of Greece over Germany: A Study of the Influence Exercised by Greek Art and Poetry over the Great German Writers of the Eighteenth, Nineteenth, and Twentieth Centuries.* Cambridge: Cambridge University Press, 1935.

Bruford, W.H. *The German Tradition of Self-Cultivation: "Bildung" from Humboldt to Thomas Mann.* Cambridge: Cambridge University Press, 1975.

Casanova, Pascale. *A república mundial das letras.* Trad. Marina Appenzeller. São Paulo: Estação Liberdade, 2002.

Charle, Chistophe. *Les intellectuels en Europe au XIXe siècle. Essais d'histoire comparée.* Paris: Édition du Seuil, 2001.

Civilisation – le mot et l'idée. Centre International de synthèse. Paris: La Renaissance du Libre, 1930.

Der grosse Brockhaus. Munique: F.A.Brockhaus Wiesbanden, 15ª ed., 1953.

Derrida, J. "Mochlos, or the Conflit of the Faculties". In: *Logomachia: The Conflict of the Faculties.* Lincoln & London: University of Nebraska Press, pp.1-34.

Elias, Norbert. *O processo civilizador.* Trad. de Ruy Jungmann. São Paulo: Jorge Zahar Editor, 1990.

Engels, F. "Ludwig Feuerbach e o fim da filosofia clássica alemã". In: *Texto* (1). São Paulo: Edições Sociais, 1975.

Ferry, L. (org.). *Philosophie de l'université. L'idealisme allemand et la question de l'université.* Paris: Payot, 1979.

Fichte. *La destination de l'homme.* Paris: 10/18, 1965.

Fogel, Gilvan. "Dostoievski: voluntarismo e nihilismo". In: *Sofia.* Rio de Janeiro, outubro de 1992, p.93-129.

Foucault, Michel. *Microfísica do poder.* Trad. de Roberto Machado. Rio de Janeiro: Graal, 1993.

Freud, Sigmund. *O mal-estar na civilização.* Trad. de José Octavio de Aguiar Abreu. Rio de Janeiro: Imago, 1974.

Galiano, Manuel F. "Ulrich von Wilamowitz-Möllendorff y la filología clásica de su tiempo". In: *Estudios Clásicos* (56), p. 24-57.

Goethe, J.W. *Os anos de aprendizagem de Wilhelm Meister*. Trad. Nicolino Simone Neto. São Paulo: Ensaio, 1994.

Goldmann, Lucien. *Dialética e cultura*. Trad. Luiz Fernando Cardoso e Carlos Nelson Coutinho. São Paulo: Paz e Terra, 1967.

_____. *Origem da dialética. A comunidade humana e o universo em Kant*. Trad. de Haroldo Santiago. São Paulo: Paz e Terra, 1967.

Hans Rosenberg no livro *Bureaucracy, Aristocracy and Autocracy. The Prussian Experience 1660-1815*. Boston: Beacon Press, 1958.

Hegel. *Leçons sur la Philosophie de l'Histoire*. Trad. Gilbelin, Vrin, 1970.

Hillebrand, K. *La France et les français pendant la seconde moitié du XIXe siècle, impressions et observations*. Trad. E. Minoret. Paris: M. Dreyfous, 1880.

_____. *Six lectures on the history of German, from the Sevem years's war to Goethe's death, delivered at the Royal Institution of Great Britain, May and June 1879*. London: Longmans, 1880.

Hölderlin. *Hipérion*. Trad. Márcia de Sá Cavalcante. São Paulo: Vozes, 1988.

Humboldt, W. von. *Werke*. Schriften zur Altertumskunde und Ästhetik. Darmstadt, Wissenschaftliche Buchgesellschaft, 1961. 2v.

Jacobi, F. H. "Jacobi an Fichte". In: *Werke*, reedição Darmstadt, Wissenchatfliche Buchgesellschaft, 1976-1980, vol. III. Na tradução francesa, "Lettre à Fichte". In: *Oeuvres philosophiques*. Trad. de J.-J. Anstett. Aubier: 1946, p. 327-331.

_____. *David Hume Über den Glauben, oder Idealismus und Realismus*. In: *Werke*. Reedição Darmstadt, Wissenchatliche Buchgesellschaft, 1976-1980, vol. II.

Jean-Pierre Vernant. *As origens do pensamento grego*. Trad. Ísis Borges B. da Fonseca. Rio de Janeiro: Bertrand Brasil, 8ª ed., 1994.

Kant, I. *Crítica da razão pura*. Trad. Valério Rohden e Udo Baldur Moosburger. São Paulo: Nova Cultural, 1988.

_____. *O conflito das faculdades*. Trad. de Artur Mourão. Lisboa: Edições 70, 1993.

_____. *Prolegômenos a toda metafísica do futuro*. Trad. de Tania Maria Bernkopf. In: *Textos Selecionados*. São Paulo: Abril Cultural: 1980.

Knight, A. H. J. *Some Aspects of Life and Work of Nietzsche and Particularly of his Connections with Greek Literature and Thought*. Cambridge: Cambridge University Press, 1933.

Kojève, Alexandre. *Introduction à la lecture de Hegel*. Paris: Gallimard, 1947.

Kurz, Robert. Filosofia como farsa. In: Caderno Mais! *Folha de São Paulo*, 09/07/2000, p.16-17.

Lacoue-Labarthe, Philippe. *A imitação dos modernos*. Trad. de João Camilo Penna e outros. São Paulo: Paz e Terra, 2000.

Lacrosse, Joachim (org.). *Philosophie comparée: Grèce, Inde, Chine*. Paris: Vrin, 2005.

Lenin, V. *O programa agrário da Social Democracia na Primeira Revolução Russa de 1905-1907*. São Paulo: Editora Ciências Humanas, 1980.

Loparic, Zeliko. *Heidegger réu. Um ensaio sobre a periculosidade da filosofia*. Campinas: Papirus, 1990.

Lloyd-Jones, H. "Nietzsche and the Study of the Ancient World". In: O'Flaherty *et al.* (orgs.). *Studies in Nietzsche and the Classical Tradition*, p. 1-15.

Lukács, G. *El asalto a la razón.* Trad. de Wenceslao Roges. México/Buenos Aires: Fondo de Cultura Económica, 1959.

⸻. *La destruction de la Raison.* Trad. S. Georges, A. Paris: 1958.

⸻. *Teoria do Romance.* São Paulo: Duas Cidades, 2001.

⸻. *História e consciência de classe.* Trad. de Rodnei Nascimento. São Paulo: Martins Fontes, 2003.

McCarthy, George E. *Dialectics and Decadence: Echoes of Antiquity in Marx and Nietzsche.* Lanham/London: Rowman and Littlefield, 1994.

Mann, Thomas. *Considérations d'un apolitique.* Paris: Grasset, s/d.

Mannheim, K. *Essays on the sociology of culture.* London: Routledge & Kegan Paul Ltd, 1956.

⸻. *Ideologia e utopia. Introdução à sociologia do conhecimento.* Trad. de Emilio Willems. Rio de Janeiro, Porto Alegre, São Paulo: Editora Globo, 1954.

Marcuse, Herbert. *Razão e revolução. Hegel e o advento da Teoria Social.* Trad. de Marília Barroso. São Paulo: Paz e Terra, 1998.

Marx, Karl. *Crítica da Filosofia do Direito.* Lisboa: Presença, s/d.

⸻. *O capital.* Trad. de Regis Barbosa, Flávio R. Kothe e outros. São Paulo: Nova Cultural, 1996.

Mayer, Arno J. *A força da tradição. A persistência do Antigo Regime (1848-1914).* São Paulo: Cia das Letras, 1990.

Miller, Philip B. (org.) *An Abyss Deep Enough: Letters of Heinrich von Kleist with a Selection of Essays and Anecdotes*. Trad. Philip B. Miller. New York: Dutton, 1982.

Porchat, Oswaldo. *Ciência e dialética em Aristóteles*. São Paulo: Editora UNESP, 2000, p. 359.

___. O conflito das filosofias. In: *Vida comum e ceticismo*. São Paulo: Brasiliense, 1993.

Portales, Gonzalo. *Filosofía y catástrofe. Nietzsche y la devastación de la politíca*. Santiago: Universidad Arcis, 2002.

Prado Jr., Bento. "Cruz Costa e a história das idéias no Brasil". In: Moraes, R., Antunes, R. Ferrante, V.B. (orgs.) *Inteligência brasileira*. São Paulo: Brasiliense, 1986.

Ringer, Fritz. *O declínio dos mandarins alemães – A comunidade a acadêmica alemã, 1890-1933*. Trad. de Dinah de Abreu Azevedo. São Paulo: Edusp, 2000.

Rosenberg, Hans. *Bureaucracy, Aristocracy and Autocracy – The Prussian Experience 1660-1815*. Boston: Beacon Press, 1966.

Rosenfeld, Anatol. *História da literatura e do teatro alemães*. São Paulo: Perspectiva, 1993.

Röttges, Heinz. *Nietzsche und die Dialektik der Aufklärung*. Berlim: Walter de Gruyter, 1972. [sobre o historicismo e a historicidade p. 36-73]

Rousset, B. *La doctrine kantienne de l'objectivité*. Paris: Vrin, 1967.

Rudnystsky, Peter L. *Freud e Édipo*. Trad. de Maria Clara Cescatto. São Paulo: Perspectiva, 2002.

Rudolf Viehaus. *Geschichtliche Grundbegriffe. Historisches Lexikon zur politische-sozialen Sprache in Deutschland*, 7 v., orgs. Otto Brunner, Werner Conze e Reinhart Koselleck, v. 1, Stuttgart, Klett-Cotta, 4ª ed., 1992, p. 508-551.

Schiller, F. *Cartas sobre a educação estética da humanidade.* Trad. Roberto Schwarz. São Paulo. EPU, 1992.

_____. *O que é e por que se estuda a história universal?* Cidade do México: Universidad de México, 1956.

Schlechta, Karl. *Le cas Nietzsche.* Trad. de André Coeuroy. Paris: Tel/Gallimard, 1997.

Schopenhauer, A. *O mundo como vontade e representação.* Trad. de Jair Barboza. São Paulo: Editora UNESP, 2005.

_____. *Le monde comme volonté et représentation.* Trad. de J. A. Cantacuzène. Paris/Bucarest: Librairie Académique Didier/ Librairie Sotschek & Cie s/d.

_____. *Sobre a Filosofia Universitária.* Trad. de Maria Lúcia Cacciola e Márcio Suzuki. São Paulo: Pólis, 1991.

Schumpeter, J. *Capitalismo, socialismo e democracia.* Rio de Janeiro: Zahar, 1984.

Souche-Dagues, Denise. *Nihilismes.* Paris: PUF, 1996.

Stiegler, Barbara. "Nietzsche et la critique de la *Bildung*. 1870-72: les enjeux métaphisiques de la question de la formation de l'homme". In: *Noésis. Nietzsche et l'humanisme.* Nice: Centre de recherches d'Histoire des Idées, outubro de 2006, p.215-233.

Torres Filho, Rubens R. "Dogmatismo e antidogmatismo: Kant na sala de aula". In: *Revista Tempo Brasileiro* (91). Rio de Janeiro, 1987, p.11-27.

Wolf, Francis. *Sócrates – o sorriso da razão.* Trad. de Franklin Leopoldo e Silva. São Paulo: Brasiliense, 1987.

SOBRE O AUTOR

Ivo da Silva Júnior é professor de História da Filosofia Contemporânea na Universidade Federal de São Paulo (UNIFESP). Mestre e doutor pela Universidade de São Paulo (USP), o autor é membro do GEN – Grupo de Estudos Nietzsche desde 1997.

Sendas & Veredas

Ensaios

Extravagâncias: ensaios sobre a filosofia de Nietzsche (2ª ed.)
Scarlett Marton

Nietzsche e a dissolução da moral (2ª ed.)
Vânia Dutra de Azeredo

Conhecer é criar: Um ensaio a partir de F. Nietzsche (2ª ed.)
Gilvan Fogel

*O Crepúsculo do sujeito em Nietzsche
ou como abrir-se ao filosofar sem metafísica*
Alberto Marcos Onate

Nietzsche contra Darwin
Wilson Antonio Frezzatti Junior

Nietzsche: estilo e moral
André Luís Mota Itaparica

*A maldição transvalorada: O problema da civilização
em* O Anticristo *de Nietzsche*
Fernando de Moraes Barros

A filosofia perspectiva de Nietzsche
António Marques

*Niilismo, criação, aniquilamento:
Nietzsche e a filosofia dos extremos*
Clademir Luís Araldi

*Sobre o suposto autor da autobiografia de Nietzsche:
Reflexões sobre* Ecce Homo
Sandro Kobol Fornazari

Nietzsche e a música
Rosa Maria Dias

As máscaras de Dioniso: Filosofia e tragédia em Nietzsche
Márcio José Silveira Lima

Recepção

Nietzsche na Alemanha
Scarlett Marton (org.)

Nietzsche abaixo do Equador. A recepção na América do Sul
Scarlett Marton (org.)